如何创建
日托保教空间

——3～6岁托幼机构环境创设建议

2

[德]安吉丽卡·冯·德·贝克 /著

张世胜 李珍 张思琪 /译 王兴华 /审校

Angelika von der Beek

BILDUNGS
RÄUME
für Kinder
von Drei bis Sechs

北京师范大学出版集团
BEIJING NORMAL UNIVERSITY PUBLISHING GROUP
北京师范大学出版社

Bildungsräume für Kinder von Drei bis Sechs, Angelika von der Beek,

© korrigierte Auflage 2020, Verlag das netz, Weimar

北京市版权局著作权合同登记号 图字：01-2021-5072

图书在版编目（CIP）数据

如何创建日托保教空间 . 2, 3-6 岁托幼机构环境创设建议 /（德）安吉丽卡 · 冯 · 德 · 贝克著；张世胜，李珍，张思琪译 .—北京：北京师范大学出版社，2024.1
（德国学前教育译丛）
ISBN 978-7-303-28486-3

Ⅰ . ①如… Ⅱ . ①安… ②张… ③李… ④张…
Ⅲ . ①幼儿园－环境设计 Ⅳ . ① G617

中国版本图书馆 CIP 数据核字 (2022) 第 244841 号

图书意见反馈： gaozhifk@bnupg.com 010-58805079
营销中心电话： 010-58802181 58805532
编辑部电话： 010-58808898

出版发行：北京师范大学出版社 www.bnupg.com
　　　　　北京市西城区新街口外大街 12-3 号
　　　　　邮政编码：100088
印　　刷：北京盛通印刷股份有限公司
经　　销：全国新华书店
开　　本：889 mm×1194 mm　1/20
印　　张：13
字　　数：330 千字
版　　次：2024 年 1 月第 1 版
印　　次：2024 年 1 月第 1 次印刷
定　　价：78.00 元

策划编辑：肖　寒　　　　　　　责任编辑：肖　寒
美术编辑：焦　丽　　　　　　　装帧设计：焦　丽
责任校对：陈　民　　　　　　　责任印制：陈　涛

致读者的一封信

尊敬的读者：

  作为德国学前教育译丛系列中的一本，《如何创建日托保教空间1——0~3岁托育机构环境创设指南》的姊妹篇，《如何创建日托保教空间2——3~6岁托幼机构环境创设建议》和大家见面了。很高兴能和大家交流一下我在阅读、审校这本书时的一些感受。

  作者在前言中提到的蒙台梭利和马拉古奇对我国的幼教工作者来讲应该不陌生。蒙台梭利认为儿童受到环境的浸染，从环境中获得一切。瑞吉欧教育法的创始人马拉古奇提出环境是儿童的"第三位教师"。2001年我国颁布的《幼儿园教育指导纲要（试行）》指出："环境是重要的教育资源，应通过环境的创设和利用，有效地促进幼儿的发展。"2022年颁布的《幼儿园保育教育质量评估指南》把环境创设作为衡量幼儿园保教质量的重要指标。那么，到底什么样的环境才是高质量的？才是能够支持儿童的学习与发展的？本书作者基于多年的实践经验给出了自己的一些建议。

  首先，最重要的一点是建立理论与实践之间的对话和联系。观察一下我们所在的幼儿园的环境创设，空间是如何划分的、摆放了哪些家具、投放了哪些材料？思考一下，环境创设背后的推动力是某些传统和习惯，还是我们有细致思考过这样的环境是否能支持儿童在其中开展不同类型的活动，运用不同的思维方式？其次，环境创设不是一蹴而就、一劳永逸的，而是随着幼儿游戏经验的增长、兴趣的转换不断调整的一个动态的过程。因此，在环境创设的过程中"留白"至关重要。选择灵活、可移动的家具，给幼儿空间让他们根据自己的意愿来改造环境，都会收到意想不到的效果。此外，作者着重强调了环境创设过程中要兼顾幼儿园教师的需要。幼儿园不仅是幼儿生活、游戏的空间，也是教师工作的空间。作者在诸如厨房工作台高度的选择、可调节座椅的选择等诸多方

1

面的建议都值得我国幼儿园管理者关注。

特别要提到的一点，本书中的环境创设主要指的是在开放式教育理念的指引下功能室的环境创设，但其关于声音、光线、色彩、空间高度设计、材料选择与投放、空间中的区域划分等内容对于我们设计活动室内的游戏环境也同样有启发，毕竟无论是在功能室还是活动室，最核心的是创设能支持幼儿的游戏与学习的环境。希望阅读的过程能引发您的思考，书中的内容能对您的工作有所助益。

王兴华

北京师范大学学前教育研究所

2023 年 12 月

目录

绪论

大脑总是在学习，它别无选择！这是曼弗雷德·施皮策 [1] 经常高呼的口号。这位医生兼心理学家是乌尔姆大学精神病专科诊所的主任，他在大型活动中频频出场，发表极具感染力的演讲，使得脑科学的研究成果在德国获得了广泛关注。[2]

施皮策力图用他关于学习科学的知识——有一部分已经不是最新的了——帮助听众拓宽经验视野，同时也用精神生物学的理论捍卫一种全新的学习文化，尤其是在学校中应该推行的学习文化。

医生们对将（自然）科学知识转化为实践应用很感兴趣，这在新兴教育学里已经有很长的历史了，举

世闻名的玛利亚·蒙台梭利（Maria Montessori）女士以及本应该享誉世界、如今却并不出名的儿科医生艾米·皮克勒 [3] 就是两个很好的示范者。在德国，教育学家舍费尔 [4] 在其 1995 年出版的《儿童早期的教育过程》一书中表示：从医学和生物学中衍生出来的科学知识对于解释早期儿童学习过程很有意义。

从卢梭到蒙台梭利等一批伟大的教育家和人道主义者都抱有一个基本信念：儿童渴望学习。只是，人们在很长一段时间里都没能恰当地解释这个学习过程。瑞士心理学家让·皮亚杰（Jean Piaget）第一次成功扩展了我们关于学习科学的知识，那是因为他在

---

① 译者注：曼弗雷德·施皮策（Manfred Spitzer），1958 年 5 月出生于达姆施塔特，德国精神病学家、医生、教授、专业作家。1998 年起担任乌尔姆大学精神病专科诊所业务负责人，2004 年担任乌尔姆大学神经科学和学习转换研究中心负责人。

② Spitzer, M.: Lernen. Die Entdeckung des Selbstverständlichen. Eine Dokumentation von Reinhard Kahl. Archiv der Zukunft. DVD und Buch. Beltz, Weinheim, 2006.

③ 译者注：艾米·皮克勒（Emmi Pikler），1902 年 1 月生于奥地利维也纳，1984 年 6 月逝于匈牙利布达佩斯，是著名的儿科医生、婴幼儿研究者和教育理论家。其育儿法的四大原则为：尊重儿童的自主行动，支持其独立行动；支持儿童与照料者的稳定关系；让每个孩子都感觉到被接纳、被承认；促进儿童身体健康。

④ 译者注：格尔德·埃金哈德·舍费尔（Gerd E. Schäfer），1942 年生于雷根斯堡，科隆大学早期儿童教育学教授、不来梅艺术学院早期儿童教育学教授。

专业领域里获得了很高的关注度。瑞吉欧教育方案创始人洛里斯·马拉古奇（Loris Malaguzzi）以皮亚杰的理论为基础，树立了儿童作为"研究者"的新形象。

诚然，教育学不仅仅关乎应用心理学或者精神生物学的知识。这些科学知识对深入理解儿童的学习过程是非常有益的。但是首先，这些知识必须经过教育学的加工。其次，对教育实践而言，这些知识还得在实践应用中获得检验才行。众所周知，教育学理论是不能直接转化为教育实践的。

理论与实践对话的必要性

问题的解决办法在于"理论"与"实践"之间的对话。在这一对话中，理论有责任和义务把它的认识尽可能多样化且易于接受地展现出来，这样实践就能够据此确定工作方向。反之，实践必须吸收科学认识，对工作进行反思和自我审查——当然，要以自己的经验和现有的情况为基础，而不是毫无依据地提出质疑。

我这里说的对话，是在对各自的工作成果感兴趣和实际交流的层面上展开的。如实践工作者可以阅读专业书籍，理论工作者可以去日托中心[①]做影子教师。

对话可以有多种形式，实践工作者可以通过听讲座、参加进修与理论对话，而理论工作者可以通过参与示范性项目促进实践应用。当然，理论与实践的对话还可以进一步加强。

教育学在效果检验方面和医学很像，医学的效果要以病人的康复状况来衡量。正如在医学上有些传统做法对病人没多大帮助但仍延续了下来一样，在教育实践中，幼儿园和学校也沿袭了一些明显对孩子不利的做法。

曼弗雷德·施皮策哀叹社会各界对于过时观点的坚持，他们强调快乐学习是不严肃的；他还提出要从新趋势中看到危险所在，尤其是学校和幼儿园也会受市场经济规律的制约。我们认为人类天生就有同他人竞争的意识，这并不符合大脑研究的结果。相反，过去几十年的科学认识表明，我们本质上是乐于合作的生物。

施皮策引用了一项名为"囚徒困境"的实验："在实验过程中，你可以选择与同伴竞争或者与其合作。你认为哪种情况下大脑会更活跃呢？当你们合作时还是击败对方时？人们会认为，多好，只要我击败了别人，灯就会亮了。不，并不是这样。相反，当你们合

---

① 译者注：本书中"日托中心"（Kindertagesstätte，缩写为 KiTa）是招收 0～6 岁婴幼儿的机构的统称，也指为 0～6 岁婴幼儿提供照护和教育服务的托幼一体化机构。在德国，除了提供一体化服务的日托中心，学前教育机构还包括招收 0～3 岁婴幼儿的托育机构（Kinderkrippe）和招收 2.5/3～5/6 岁幼儿的幼儿园（Kindergarten）。

实验或新的脑成像方法获得的碎片化的知识，在教育学领域已经广为人知。幼儿园几乎成为唯一的非家庭式的幼儿学习机构，然而，对幼儿园教育实践的反思直到最近也没有在高校中引起重视。人们不注重实践，最多也只是研究一些概念，并且着重研究玛利亚·蒙台梭利的理念。

虽然蒙台梭利将当时的科学认知融入到她的教育学体系当中，但她的理念是在20世纪初形成的。

自20世纪60年代以来，在意大利港口城市雷焦艾米利亚形成了一种与时代相符的方案。与蒙台梭利教育学相比，这一理念远未被人熟知，我认为这是不应该的。要知道，蒙台梭利的理念是20世纪上半叶产生的，而瑞吉欧教育理念则是20世纪下半叶形成的。在德国，瑞吉欧的理念和实践仍有待在更大范围内得到借鉴，这与瑞士[2]和美国[3]的情况正相反。

据我所知，除了舍费尔之外，德国还没有人科学、深入地研究过瑞吉欧教学法——一种将相关学科知识应用于实践的现代的、全面的、应用时间长且成功的尝试。[4]

作时，奖励机制就会启动，喜悦的情绪产生了。"[1]

几十年来，认知心理学、实验心理学以及神经生物学一直致力于借助其自然科学方法研究哲学和教育学探讨了几个世纪以来一直存在的课题。许多通过

① Spitzer，M.：Lernen. Die Entdeckung des Selbstverständlichen. Eine Dokumentation von Reinhard Kahl. Archiv der Zukunft. DVD und Buch. Beltz，Weinheim 2006，S. 95.

② Dahlberg，G./Moss，P./Pence，P.：Beyond Quality in Early Childhood Education and Care. Postmodern Perspectives. Routledge Falmer，1999.

③ Edwards，C./Gandini，L./Forman，G. (ed.)：The Hundred Languages of Children. Ablex Publishing Corporation Norwood，1998.

④ Schäfer，G. E.：Bildung beginnt mit der Geburt. Beltz，Weinheim 2005，S. 40ff.

理论与实践对话的困难

在大学里，关于蒙台梭利和华德福教育学的研讨课仍占多数。就算出现了瑞吉欧教育学，也只是简要介绍一下理念。但实际上，大家是可以将瑞吉欧教育学作为基础，对儿童如何学习这一基本教育学问题进行经验性研究的。

我所说的"经验性"不是指应用统计学的方法（尽管统计学对一些特定的课题很有帮助），而是指一种质性的研究方法，它强调教育学知识的进一步发展应该由实践推动。相比几十年前，我们今天对儿童是如何学习的有了更深入和具体的了解。接下来，我们亟须解决的一个教育学问题就是：儿童学习的条件是什么？瑞吉欧教育学给出了十分精确的答案，并提供了开放式教育的范例。

开放式教育至今都没有被科学界接受，其创始人之一格哈德·雷格尔（Gerhard Regel）对此的抱怨确也理所应当。①

然而，雷格尔自己的做法很容易让科学家忽视开放式教育，因为他并不重视科学知识，而只是从实践者的立场来评价。虽然他继承了舍费尔观察和记录的理念，也谈到了"开放性的、探索性的观察"，但他明确告诫大家不要参考舍费尔"从一个科学家的角度

提出的高要求"，也不赞成对教育过程进行系统的记录汇编。对雷格尔来说，"档案袋"就够了。

在介绍自己的理论基础时，雷格尔对改革教育学作了全方位的论述，并参考了蒙台梭利、塞莱斯廷·弗莱纳特（Celestine Freinet）和马拉古奇的理念。但他并没有很具体地研究这些理念，所以没能对教学提供建议。回顾他提出的开放式教育的这段历史，他强调，开放式教育源自保教人员，并不能归功于阿克塞尔·维兰德（Axel Wieland），也不能归功于心理动力学。他几乎未提及情景法，也完全忽略了反权威的私立幼儿园运动。因此，通常情况下，很难发现关于开

---

① Regel，G.：Plädoyer für eine offene Pädagogik der Achtsamkeit. Zur Zukunft des Offenen Kindergartens. EBVerlag，Berlin 2006.

放式教育的一些原创内容。要知道，这关系到教育者的儿童观和理论基础。

然而我认为，由阿克塞尔·维兰德指导的始于20世纪80年代末到90年代的库克斯港示范项目是为数不多的真正让教育实践发生了变革或实现了范式转变的案例。即使像格哈德·雷格尔和阿克塞尔·维兰德这样的开放式教育之父也不愿意听到这句话：开放式教育唯一的独特之处就是它强调活动不应局限于设有不同功能区的活动室，而应在更开放的功能室展开。实际上，关于开放式教育的观点有着长期的历史：从卢梭、福禄培尔、蒙台梭利、皮亚杰、亚历山大·萨瑟兰·尼尔（Alexander S. Neil）、弗莱纳特到马拉古奇的工作，也就是20世纪60年代瑞吉欧教育法的开端。

从理论的角度来看，活动室里的功能区与独立的功能室的区别看似很小，但二者却在实践中引发了上面提到过的变革。在我解释这个过程之前，我想先说说过去几年中和我一同实践的同事们，他们陪伴我在全国范围内进行由小组工作向开放式教育转换的培训。

2006年至2007年，汉堡替代福利协会（SOAL）[①]

为了在质量发展框架下对日托中心进行认证，出具了一份手册，而这份手册也就成为将活动室改造为功能室[②]的依据。其主要内容包括：

- 功能室不仅让空间看起来更一目了然，而且会让保教人员的思路更清晰。

- 孩子们可以自己决定想要待在哪个空间，自己拿取材料，这让孩子们的自主性得到了提升。

- 孩子们不用因为不知道要做什么而来回跑。相反，提前设置好一些有趣的空间和材料，孩子们可以以小组的形式深入开展游戏。

- 如果有"房中屋"和专门的任务区，如在画室中有干画区、湿画区和黏土区，孩子们能够更好地集中注意力。

- 孩子们不会互相打扰。

- 功能室里没有吃饭的桌椅。

- 开设儿童餐厅的原因：首先，保教人员不需要在每次餐前都抽出时间清理集体活动室；其次，这使得餐后的公共房间内气氛很放松，因为不需要把所有东西都收走，并且还能快速地完成清洁工作；最后，也是最重要的，这样会有更多的空间可供玩耍。

- 在集体活动室里设置功能区，虽然让各个教育

---

① 汉堡替代福利协会质量发展框架（SOAL-QE©）由六个模块组成，由科隆大学舍费尔教授率领的科研团队开发而成。自2004年以来，超过65个汉堡替代福利协会的日托中心参与了SOAL质量认证。

② 我觉得"功能室"这个名字不太合适，但在想出一个更恰当的概念前，我仍将一直使用它。

领域都有所体现，但这始终是有限的，而且实践中也没有哪个功能区真正发挥了不错的作用。因此要为孩子们尽可能多地设置一些针对特定教育领域的功能室。

• 功能室始终践行着女性专家原则①。

• 女性专家原则引领保教人员发现自己在教育领域中的兴趣所在，并对自己的专业性充满自信。专业化发展和对专业身份的认同能减轻工作者的压力，同时消解了相互竞争。

以下说法来自汉堡市的麦穆纳幼儿园②：

• 这所幼儿园是焕然一新的。

• 我们已经丢弃了许多常年视为不可缺少的东西，并重新开始。观察给了我们很多关于取舍和改变的有益的提示。

• 现在，这些房间通过其教育功能来划分，这样既一目了然，也很美观。每个房间都独具风格，并且可以让你同时体会到专业性。

• 每个同事都选择了自己适合的领域，觉得能放弃十项全能真是一种解脱。

• 在团队讨论中，所有同事都对自己的专业领域（角色扮演、搭建、设计、运动、语言、音乐）感到

满意，并且渴望与其他专家进一步交流。

2005年至2008年，我和马蒂亚斯·巴克（Matthias Buck）建议在由胡弗兰德公共受托协会（Hufeland-Träger-Gesellschaft）赞助的六家日托中心中开展开放式教育。在得到赞助资金后，我们开始按照功能室原则改造房屋，其中一家中心新建了房屋。在功能室开展开放式教育带来了哪些变化？针对这一问题，在2008年的一次评估中，我们收到了以下反馈：

• 孩子们可以更自由地实践自己的想法。

• 老师不必一直为孩子们做什么，而是能让孩子们自己去做。

• 孩子们非常活跃，但必要时也能够控制自己的行为。

• 孩子们自己建立起了角色扮演、运动和搭建之间的联系。

• 绘画、搭建、运动和角色扮演等活动之间有着平滑的过渡，而且对建筑条件没有要求。

• 老师的压力减轻了，她们可以将注意力集中在重要的事情上，能更好地陪伴孩子。

• 过去，老师会问孩子们：你们需要什么？如

---

① 译者注："女性专家原则"，专指日托中心中每名保教工作者都有自己擅长的领域，并在专门的教室或活动空间为婴幼儿提供专业的指导。同时，教师需要在各自专注、负责的领域接受专业培训、进修。称为"女性专家原则"是因为幼教从业者多为女性。

② 译者注：该幼儿园创建于1993年，专门为遭受过种族主义歧视的家庭服务，既是托儿所，也是幼儿园，分别接收1~3岁和3~6岁的儿童。其官方网址为：www.maimounakila.de。

种空间布置方案将所有空间设计的可能性、所谓的"设计工具"或"房间语言"融入教育学空间概念的发展中。室内空间布置要考虑的因素有声效、光线、色彩和材料质量。②

获得了胡弗兰德公共受托协会赞助的魏玛日托中心的老师和负责人在采访中表达了以下观点：

● 过去，房间只是明亮的。如今，照明系统也对室内气氛发挥作用。房间由不同的照明色彩营造出不同氛围。

● 一位日托中心负责人非常重视色彩，她认为每个房间都要有其合适的颜色，这一点很重要。她强调说，房间的色彩设计意味着同事们不再需要对房间进行过多的装饰，房间也不会看起来光秃秃的。色彩非常有效，这让孩子们能够首先注意到房间中的玩具。

● 在讨论中，大家提出各房间的声音效果不好，尤其是儿童餐厅，还有搭建区和运动区。因此，隔音天花板应作为日托中心的基础设施之一。这是当初创办日托中心的人未考虑到的。

● 六家日托中心的工作人员一致认为，良好的隔音效果可以抑制噪声和扰民的杂音，应优先考虑空间的开阔和开放性。这一点尤其受到了建筑师的赞赏。

今，孩子所需的一切就在他们手边。

● 孩子们过去就像被（日托中心）"监禁"了一样。

在下文中，魏玛日托中心的同事们描述了一些情况。这些情况目前与德国功能室中的开放式教育理念无关，但与"环境作为第三位老师"的理念有着很大关系，这一理念源自瑞吉欧教育法。

在阐述"汉堡空间布置方案"①时，我和马蒂亚斯·巴克、安内莉·鲁芬纳赫（Annelie Rufenach）首次讨论了开放式教育与瑞吉欧教育之间的联系。这

---

① von der Beek，A./Buck，M./ Rufenach，A.：Kinderräume bilden. Luchterhand，Neuwied 2001.

② Reggio Children/Domus Academy Research Center：Children，spaces，relations. Metaprojekt for an environment for young children. Reggio Children & Commune di Reggio Emilia，1998.

- 大家一致认为，需要有配备完善的工作场所，特别是画室和幼儿身体护理场所都应配有完善的设备。换句话说，一些未按照汉堡空间布置方案作出的设计会备受诟病。

- 所有受访者对空间要求的排序都很明确，依次为：1.运动，2.搭建，3.设计，4.角色扮演。

几年前，德国最早的开放式教育机构之一——瓦尔登堡镇童格恩（Tungeln）幼儿园——的同事就我关于开放式教育优势的问题给出了如下反馈：

- 孩子们可以在不同的房间里开展各种不同的活动，有些活动是很难在同一个房间里进行的。

- 休息区和运动区有明显区别。

- 房间无须重新布置，孩子们就能够独立使用房间。

- 如果将两组、三组或四组的娃娃家合并成一个角色扮演区，就可以将角色扮演区布置得不一样。如可以设置一个游戏间，进行过家家游戏；可以设置一个美发、化妆、换装间；可以设置一个表演舞台；可以在房间中间用旧的课桌即兴制作一艘海盗船。

- 孩子们可以在一个功能分割清晰的房间里分组各自玩耍，互不干扰。

- 老师不必总是和一大群儿童待在一起，而是可以转向那些需要她们关注或支持的个别儿童或小组。

- 在项目教学的框架下，功能室使儿童和老师能够对主题进行差异化探讨，充分发挥项目的潜力，不需要每次都费尽心思去找每一件相关的材料。

- 老师可以利用她们自己的专长爱好、已有知识经验和技能对儿童进行专业指导。

- 结论：开放式教育通过对房间的激励性设计、对儿童活动的敏锐的观察和以儿童为中心的日常生活安排，为幼儿教育质量的提高创造了条件。

在20世纪80年代和90年代，我作为专家顾问在多家汉堡日托中心进行观察，这段经历让我更加支持在功能室中开展开放式教育。我注意到，儿童之间或成人之间都产生了很难甚至无法解决的冲突。那些冲突总是引发专题讨论，比如关注个体差异、关注"与众不同"的孩子或者"力不从心"的老师等。我在寻找一种教学方法，来替代这种偏向心理学分析介入的做法。以下这些反复出现的现象更是让我感到困惑：

- 房间里的孩子越多，每个孩子的攻击性就越强。

- 游戏区域空间过小带来的冲突。

- 争抢区域。

- 争抢材料。

- 活动机会太少。

- 休息机会太少。

- 对"与众不同"的男孩的教育。

- 根据性别刻板印象划分的游戏：男孩好动，就让他们做搭建类游戏；女孩不怎么爱动，就让她做角色扮演类游戏。

• 老师不断给孩子们布置任务。

作为专家顾问，我负责为大量不同的日托中心解决同样的问题。在我看来，为个别问题找解决方案并不是出路，而要从整体改造上考虑。因此，我着手研究开放式教育。

开放式教育从何而来？

可以说，反权威的私立幼儿园运动伴随着开放式教育在 20 世纪 80 年代末通过情境法传播到常规幼儿园中。在学生运动①爆发大约 20 年后，开放式教育转向反对传统价值观，因为这些高度重视秩序、整洁和礼貌的传统观念是不合适的。但与私立幼儿园运动不同的是，它并不持有明确的政治或精神分析背景，而是以精神运动学及皮亚杰的认知发展理论为依据。在考特（Hansjörg Kautter）的表述中，皮亚杰的建构主义发展观强调了儿童是"发展过程的主体"。

除了认知心理学外，菲利克斯·冯·库博（Felix von Cube）还借鉴了行为生物学，尤其是康拉德·劳伦兹（Konrad Lorenz）的理论。他强调，努力与兴趣有关，教育应该关注需求但不要纵容。其典型的实践

参考是恩斯特·基普哈德（Ernst Kiphard）的以儿童为中心的运动教育。

开放式教育是一场源于一线实践的运动。②但是，说起它就不能不想到情境法的"滚动式教学改革"，其一开始是一场"自上而下的改革"。1973 年，德国教育理事会教育委员会提出"建立基础教育课程开发的示范方案"的建议，其目的除了在基础教育领域试验一种新的课程模式外，还期望这种模式能在德国所有幼儿园推广。③

情景法改革致力于在全国范围内推广，而开放式教育仅在部分地区开展，但它的特点保证了其改变后的实践具有一定的示范性，使得参与者投入的热情不至于遭受冷遇。在"库克斯港模式"中，开放式教育在奥尔登堡大学科学助理阿克塞尔·维兰德的指导下开展。它之所以能够开展起来，是因为在与当地中心的长期跨学科合作中，参与者的持续性得到有力保障。

下萨克森州制定开放式教育示范项目的目的，是测试共同照顾残疾和非残疾儿童的可能性。因此，从孩子们能够做的事情出发是顺理成章的。有一个行为

① 译者注：欧洲于 1968 年爆发的学生运动。

② 参见 Gruber，R./Siegel，B. (Hrsg.)：Offene Arbeit im Kindergarten. verlag das netz，Weimar/Berlin 2008.

③ Zimmer，J.：Vom Aufbruch und Abbruch. In：Laewen，H.-J./Neumann，K./Zimmer，J.：Der Situationsansatz – Vergangenheit und Zukunft. Kall meyer'sche Verlagsbuchhandlung 1997，S. 31.

矫正的项目将残疾或行为障碍看作偏离正常，维兰德否定了这点，他认为残疾或行为障碍在主体生活中同样具有意义。

开放式教育概念的首次明确提出，是在汉诺威社会福利公益组织的特殊教育顾问格哈德·雷格尔与阿克塞尔·维兰德合著的《开放式幼儿园教育的交互式结构元素》中。①

这里以关键词的形式总结了20世纪90年代初开放式教育最重要的一些概念：

- 儿童作为"自身发展的主体"的形象。
- 关注儿童需求（而不是问题）。
- 高度重视自主选择权和自由游戏的重要意义。
- 灵活的时间结构。
- 以活动室内的功能区划分"体验或行动区"。
- 方案与项目（参照瑞吉欧教育提倡的概念）。
- 综合疗法。
- 核心小组。
- 自由选择照顾者和朋友。
- 适应阶段让儿童感觉舒适。
- 同事间相互坦诚。
- 以海因茨·莫泽（Heinz Moser）理论为导向的"行动研究的方法论"。

- 话语导向。
- 全体员工对整个幼儿园负责。
- 一日规划。
- 女性专家原则。
- 与父母的对话合作。
- 团体或集体导向。

在随后的几年里，德国一些日托中心采用了开放式教育的理念。还有一些地方的学前教育机构，如在奥格斯堡、曼海姆、乌尔姆和汉诺威旁边的隆内贝格（Ronnenberg），专家顾问和机构负责人在开放式教育理念推广中发挥了重要作用。各地实行开放式教育的日托中心联合起来形成网络，如法兰克福、路德维希港和2001年在柏林组成的"开放式教育网络"（NOA）分别形成各自的网络。德国青年研究所以及"德国公共和私人救济协会"的一些工作人员对传播这一理念予以了支持。自1997年起，与奥尔登堡大学合作的"奥尔登堡开放式幼儿园大会"每两年举办一次。②

自20世纪90年代末以来，开放式教育理念的代表人物有哈特穆特·冯·亨蒂希（Hartmut von Hentig）、哈爵·拉文（Hajo Laewen）以及舍费尔。他们宣传"自我教育""自我发现的学习空间"等观念，并将教师的角色定义为儿童自我教育过程中的陪伴者。

---

① Regel，G.：Zusammenwirkende Strukturelemente offener Kindergartenarbeit. In：Kindergarten heute，3/1992.

② Gruber，R./Siegel，B. (Hrsg.)：Offene Arbeit im Kindergarten. verlag das netz，Weimar/Berlin 2008，S. 139 ff.

教育方法作为理论基础

在近几十年的科学认识的背景下，舍费尔指出，我们并不是机械地感知世界，而是借助我们的感官或多或少地对世界进行不同形式的塑造。感知是一个思维过程，在这一过程中产生了不同质量的感知。因此，从严格意义上讲，感知过程是伴随着思维活动的。

孩子们感知的东西成为他们的经验知识。儿童的经验知识在他们的成长中经历了一个思维过程，变得越来越完善。

舍费尔将思维发展描述为一个不同思维能力相继发展的过程。但他的与众不同之处在于，他说的借助动作的思维并不是指思维的前运算阶段，而是一种有效的思维方法。舍费尔为此创造了"具体思维"这一概念。① 他还进一步区分了"形象思维"②"叙事思维""理论思维"。

幼儿的思维是很具体的，因为他们是借助感官获得信息来思考的。因此，具体思维在广义上也是形象思维。

如果仔细观察幼儿行为，会发现区分形象思维和具体思维是很有意义的。具体思维表现在幼儿的日常行为中，当他们进行活动且尝试做某事时，会用身体去思考。当他们表达自己的印象时，就产生了形象思维。他们主要是在绘画中——有时也会在搭建和角色扮演游戏中——表现出形象思维。随着语言的习得，他们获得了使用所有人共享的符号系统的机会，并且利用符号进行思考。

具体、形象和叙事思维是理论思维的基础。舍费尔称思维是"理论性的"，即孩子们通过理论去认知所接触的文化，也就是我们习惯上所说的思维或知识。

舍费尔区分各种思维方式的不同之处不在于提出了"理论思维"，而在于提出了儿童思维方式的特点是要借助具体的、形象的和叙事的经验及动作，这对教育实践有着深远的意义。舍费尔证明了儿童思维方式的独特性，意味着日托中心被贴上"教育机构"的标签不仅是出于教育政策的考虑，而且是因为日托中心本身能够满足幼儿的早期教育需要。早期教育不同于学校教育（如开设实验课程或英语课等），它是要让孩子们能够进行不同的游戏活动，深入地设计建构，集中精力扮演角色或者快乐地绘画。儿童在此过程中不是在等待，而是在为即将来临的重要事情作准备。之所以将教育活动称为游戏，是因为它不具备严

---

① Schäfer，G. E./Alemzadeh，M./Eden，H./Rosenfelder，D.：Natur als Werkstatt. verlag das netz，Weimar/Berlin 2009.
② 舍费尔在论述"形象思维"时也会使用其他美学术语。

肃的特点,所以也不能被严肃对待。但是从更深层意义上来说,人们可能会惊讶于游戏的深远意义。每个专注于研究幼儿学习的人都会发现,只要提供了适宜的条件,幼儿的学习过程会顺利很多。

思维方式和空间的联系

再次强调,不能过分依赖理论指导教学实践。我之所以要在这里说明思维方式与空间的联系,是因为这已被实践所证实。这些联系能帮助老师作出决策,并据此安排日托中心的日常生活。在日托中心,工作是在功能室里公开进行的,这有助于观察孩子的活动、确定教师的角色。

在这一点上,我想说一下我给四种不同思维方式分配空间的方法。在本书中,我将会明确说明各个章节是按怎样的逻辑划分的,例如:

● 具体思维——活动室

- 形象思维——画室和搭建区
- 叙事思维——角色扮演和戏剧区
- 理论思维——不需要单独的空间

理论思维在不同活动中都有所体现，如在搭建游戏中使用数量很大的相同材料——这是一种数学思维，在画室中涂鸦——这是一种前书写活动，在角色扮演区中进行戏剧表演或者在阅读活动中把书籍作为获取信息的来源。

儿童的科学思维主要在自然界中发展，[①] 但也在接近自然的外部环境中发展。活动室、搭建区、角色扮演区和画室设计得越有区别，孩子们就越容易在这些空间里获取自然科学知识。

但不应将有关自然科学的学习局限于单一的空间中。像学校的自然科学室，就会阻碍儿童在日托中心的一日生活中获取物理、化学和生物的相关知识。如果我们直接观察孩子，就会发现他们对自然科学现象很有兴趣。为了满足儿童的需求，40 年前，在开始取缔"一言堂"的私立幼儿园中，孩子们就已开始被允许做许多事，如进行水实验等。新近研究成果显示，让儿童参与科学探索不仅满足了他们的情感需求，而且是儿童具身学习的基础。

我不想用舍费尔提出的思维方式直接指导空间设计实践，但理论和实践仍存在一定联系。这几种思维的概念之所以具有指导性，是因为舍费尔不仅从理论上确定了各个思维方式的类型，而且从实践上进行了验证。

在经验层面上，瑞吉欧教育方案被广泛借鉴。瑞吉欧教育工作者虽然更经常实践叙事思维对应的教育领域，但在他们对项目的详细记录中，能够发现舍费尔其他思维方式的影子。[②]

在瑞吉欧，孩子们几乎从活动初始就是根据任务情境自主参与的，这在舍费尔的分类中可以算作具体思维。形象思维在每个项目中都有体现，因为瑞吉欧的孩子总是有机会用绘画来表达自己的体验和想法。这样一来，瑞吉欧教育工作者就把形象思维发展成了一种具有很强独特性的文化，他们高度关注孩子们的形象思维。几十年来，他们记录了孩子们是如何表达自己的经历和想象以及将自己的感官体验说出来的，还记录了孩子们对语言的兴趣以及他们具体的印象和他们从成人那里得知的信息之间的思想联系。瑞吉欧的纪录片展示了舍费尔所说的形象思维。

因此，我所看到的理论与实践的对应关系是：一

---

① Schäfer, G. E./Alemzadeh, M./Eden, H./Rosenfelder, D.: Natur als Werkstatt. verlag das netz, Weimar/Berlin 2009.

② Schäfer, G.E./von der Beek, A.: Didaktik in der frühen Kindkeit. Von Reggio lernen und weiterdenken, verlag das netz, Weimar/Berlin, 2013.

方面，对应不同思维方式的活动空间在教学日常中得到了证明；另一方面，它还与幼儿园过去几十年的实践有关——在教室的功能区中进行角色扮演，进行搭建和绘画。运动在体操房和室外开展。功能区转化为功能室，这让活动空间得到扩展，从而使活动目标有效实现。

根据对具体思维的认识，运动空间和室外空间都是必不可少的。在形象和叙事思维的意义上，孩子们需要一个画室、一个搭建区和一个角色扮演区。

不便大规模改革和重组、条件受限的日托中心，可以采取下面的设计方案：先确保运动室的布置，然后是画室、搭建区，最后是角色扮演区。如果只有两个房间可以使用，就设置一个活动室，因为它可以让孩子们在那里进行搭建和角色扮演。如果有三个房间，孩子们就应该有一个活动室、一个画室和一个搭建区——仍是同样的理由，孩子们可以在任何地方进行角色扮演，因此，迫不得已时可以放弃角色扮演区。如果有四个房间供两组使用，那么还是可以优先舍弃角色扮演区。

在有充足空间和人员的条件下，能设置更多的功能性空间就太好了。但专门设置休息区和感知区没什么必要，通常如果老师不能一直在场，它们就会成为孩子们胡乱玩耍的地方。

在实践开放式教育初期，成人总是以孩子们不仅需要运动还需要休息为由设置休息区和感知区。这一想法通常与教育治疗项目有关，因为教育治疗需要多功能感官体验房间。

许多老师的控诉说明，这一想法是行不通的，我自己的观察也证明了这一点。因此，我们在"汉堡空间布置方案"的框架下寻找了其他的解决方案，以满足孩子们活动后放松的需求。一种解决方案是：设计两层游戏平台，在活动室内规划出休息的空间，让孩子们能够随时休息——也就是说，在所有的房间包括活动室和画室里都有休息空间，这样做的好处是孩子们可以根据情况放松。

在游戏平台搭建中，需要精心挑选材料。在所有功能室使用的天然材料尤其要注意满足教育治疗的需要，比如，可以提供触摸墙或触摸路等材料。

虽然在25年的专家顾问和进修活动中，我明白了所有规则都有例外，但我确信，没必要为规则相对固定的游戏（又称结构化规则游戏）设置独立空间。理由如下：

• 第一，孩子们在功能室里可以获得所有常规游戏所能提供的经验，如颜色、形状等。

• 第二，虽然幼儿园教育需要孩子们遵守大量规则——这种要求也并不过分，但很显然，孩子们玩游戏的目的不是学习遵守规则。

• 第三，孩子们通常在家做常规游戏。如果孩子们会在幼儿园玩这类游戏，就可以设置一个角落，但不需要设置单独的房间。

● 第四，儿童餐厅可以设置一个角落用于常规游戏，而不用设置一个单独的房间。

幼儿教育理论中的实践概念

"汉堡空间布置方案"旨在将幼儿学习过程中的科学知识付诸实践，它的发展是为了解决一系列实际问题。除此之外，它还确立了一些原则。

独立的幼儿教育理论应该有与之相符的实践概念。只有当有关幼儿学习的科学知识不再停留于"儿童是自身发展的主体"这样的标语时，这一点才有可能实现。

理论与实践间存在众所周知的差距。我们曾错误地认为儿童只有在身体静止的情况下才会学习，此前学校里的空间布置也以该观点为基础，不过这种情况正在逐渐改变。

为了摆脱基于普遍经验的判断，必须有切实可行的观察机会。虽然直接观察并不足以打破偏见，但瑞吉欧教育的成效让全世界数以万计的老师都准备通过体验这项令人信服的实践来重新思考他们传统的学习观。

另一个改变的基本动因是实践中的问题需要得到解决。传统的空间布置变得明显不利于儿童身心发展，这一点在我看来很重要。在日托中心和学校里，儿童想要自主活动不再被视为反常行为。因此，开放式教育和瑞吉欧教育构成了"汉堡空间布置方案"的基础。

开放式教育有可能将吵闹的活动和安静的活动分开，这样孩子们才能够在传统的指定空间之外随意活动，如在活动室或室外区域活动，而不会引起令人尴尬的注目。但这并不是因为他们可以站起来或者来回走动，而是因为他们找到了一个有趣的环境，感到舒适，能够专心致志地玩耍。这样的空间布置和材料选择又受到瑞吉欧教育的很多启发，让孩子们不是仅仅在不同功能室间来回奔波。

如果空间鼓励孩子们吵闹，并且老师允许这种情况，我不认为这是在迎合孩子们的需求。在我看来，这与是否方便孩子们活动无关，而是缺乏空间设计。孩子们并不想吵闹，他们想自己操作，而成年人必须为他们提供这样的机会。

与在活动室开展教育活动相比，功能室中的开放式教育为教师提供了在没有事先规划的情况下也能让空间满足幼儿运动需要的机会。并且不是通过融资来扩建，而是通过改造教室来实现。

然而，如果老师不经常待在运动室里，那这个空间就是无用的。在传统的教育情境下，老师们一般不会一直待在运动室里，至少不可能像在活动室一样待那么久。只有在开放式教育环境下，才有可能在不增加人员的情况下一直有老师在运动室。否则，运动室就只能在固定的时间开放或者由各班轮流使用，又或者让每班的几名幼儿用泡沫材料在运动室玩耍。

而且，开放式教育有可能让所有老师专心致志地工作。在日托中心找到"运动"这一难点领域的相关专业教师并不总是件容易事，如果可以找到，那么这个传统上被忽视的领域就会得到应有的重视。因为孩子们一般最喜欢运动室和户外区域，如果他们可以通过"用脚投票"进行选择的话。

因此，开放式教育的空间概念还有一个内在逻辑。我们在汉堡尝试解决这个问题：一般两三个班共用一个餐厅，餐厅的桌椅可以是从原来不同的活动室中搬来的，只保留画室的桌椅不动。这样改造后，原有的活动室就变成了不同的功能室，用来运动、搭建和角色扮演。

如果按照开放式教育的理念重新设计日托中心，仅仅设置一个运动室或者把体操区变成一个具有吸引力的运动空间是不够的。其他房间也必须满足孩子们运动的需求。因此我们考虑了哪些材料对身体是友好的，观察孩子们喜欢什么、不喜欢什么，寻找适宜的教学理念和创设有准备的环境。例如，我们发现运动室可以使用克劳斯·米德津斯基（Klaus Miedzinski）的"建筑工地"概念，画室可以用阿诺·斯特恩（Arno Stern）的"绘画场所"概念，角色扮演室可以参照戏剧游戏（Jeux Dramatiques）的理念。

在日托中心的每个地方，孩子们都应该能够运用他们的身体，正如舍费尔所说的"具体思维"。无论在哪里，他们都应该能够通过留下痕迹、创造模型、展示自己、描述某件事或者讲故事来进行形象和叙事思维。

所有的专业化都是针对成年人的，这意味着只需要尽可能多的专业工作者。通过专注于某一领域，老师可以掌握一些知识，使他们能够融入孩子们深度学习的过程中。孩子们一般无法专心致志，今天他们可能会不受拘束地建立搭建与数学间的联系，明天他们可能又会去进行水与物理的实验——他们没有意识到也没有想到教学领域。

如果老师掌握专业知识，就能更好地认识到儿童搭建中的数学经验，并为搭建活动提供富有想象力的支持。根据我的经验，专业化的老师在一段时间后会产生和孩子们相似的感受。所以他们不会拘泥于各种专业框架内，而是体验自己领域的广阔天地：在画室中从素描到有色彩的绘画再到三维设计，或者通过与同事在角色扮演方面的合作发现设计与呈现之间的密切联系。我认为，这些老师在一段时间后——大多是几年后——会转变成专家角色，这样的操作有百利而无一害。

以自主教育过程代替支持项目和建议

我想用一个例子来说明本书涉及的内容：我想证明，教育以儿童的潜能为出发点而不是忽视它，这样

是能够成功的。

多年来，德国关于教育的看法一直摇摆不定。一方面，几乎所有人都在说"孩子是研究者"，在讲自主学习的重要性；另一方面，资助支持项目的数量也在持续增加。儿童事务局用事先准备好的评价指标清单询问日托中心的团队提供了哪些服务，如果他们没提供某项服务，就必须给出正当理由。许多人都感受

到了这之中的矛盾，但又不想承认，而且还相互维护：毕竟我们成年人总要给孩子们提要求的，否则他们什么都学不到。

孩子们出生在一个我们创造的世界里，这是众所周知的事实。重要的是：我们如何在实践中评估近几年、近几十年里发现的有关儿童学习过程的认识？我经常听到：是的，理论上这些都是对的，但实际上我

们必须对孩子提出各种各样的要求。

我们成年人不该通过有目的、有计划的要求来决定孩子的大脑要处理多少新事物，这件事恰恰不像传统教学那么简单。我们作为老师，在主动介入之前应该有勇气退后一步去观察孩子们的活动和态度——在这一点上，我们对儿童行为和态度的感知观察必须是主动的，是一种有很高要求且在一定情况下很辛苦的活动。我们当然要以老师的身份行事，但我们要能够根据儿童不同的反应找到合适的角色定位：是静静地享受观望还是作为鼓励者，抑或接受"教师角色"。虽然我并不拒绝"教师角色"这一说法，但我也不希望这被奉为惯常的标准。

总结：如果我们相信脑研究的结果，我们就不必苛求孩子。因为我们强求的一切，"正常的"孩子都可以自己解决。我想说清楚：我也没有指责大家操纵孩子的意思，也就是说，我们也没有那么聪明，能让孩子自愿去做我们原本要强迫他们做的事。

我们根本不知道什么是对孩子好的，既不能预知未来，也不能看透对于我们来说神秘而陌生的每一名孩子。"谈及儿童教育，我们大约用了一百年的时间，才理解和表达出儿童在其受教育过程中不能只是积极地做我们期望他们做的事。我们还必须注意他们自己对世界的认识和理解，认真对待他们的思维策略，认识到孩子们表面上走的弯路可能是有效的解决办法。"[1]

观察、记录和环境创设

观察是借助环境创设来支持儿童学习的前提，而不仅仅是给孩子提供各种活动的机会。

以下我所说的观察的方法，是由科隆大学的教育学家舍费尔及其同事自2001年以来在图林根[2]和北莱茵—威斯特法伦[3]等地的研究项目中发展起来的。

简言之，这种方法可以帮助老师获取对儿童学习过程的认识，检测自己的行为，并对下一步的教学工作作出计划。对观察进行记录是对儿童活动进行肯定、反馈和反思的机会，此外，这也是一个很好的让家长了解孩子的学习过程的机会。

为了追踪儿童的教育过程，舍费尔、马里安·阿莱姆扎德（Marjan Alemzadeh）、希尔克·伊登（Hilke Eden）和戴安娜·罗森菲尔德（Diana Rosenfelder）

---

① Schäfer，G. E. (Hrsg.)：Bildung beginnt mit der Geburt. Beltz，Weinheim 2003，S. 25.

② von der Beek，A./Schäfer，G. E./ Steudel，A.：Bildung im Elementarbereich – Wirklichkeit und Fantasie. verlag das netz，Weimar/Berlin 2006.

③ Schäfer，G. E./Strätz，R. (Hrsg.)：Beobachtung und Dokumentation in der Praxis. Link Verlag 2007.

在鲁尔河畔米尔海姆"自然学习工作室"的一篇报道中描述了他们是如何观察儿童并用有说服力的照片记录下来的。[①]

进行观察[②]的时间在日常生活中很可能是不固定的，时常会在发生了一些老师觉得有趣的事情的时候。这意味着老师并不只是观察显眼的孩子、常规地检测某些能力如"单腿跳"，也不是以一概而论的套话如"社会化行为"来判断行为方式。更确切地说，老师仔细观察孩子们在做什么。她不仅记录孩子们的游戏，还花时间去感知孩子们在做什么、是怎么做的以及说了什么，获得了越来越多的孩子们的差异化形象。这些"丰富的"图像为观察日常生活中的有趣情景提供了启发。

老师观察得越仔细，他们对孩子们的能力的认识就越清晰。通过观察，有能力的儿童的形象变得更具体。于是，方法逐渐发展成为一种态度。

观察工具首先是老师自己，她看、听、感受并且当场或事后记录下来。所以，每个老师都需要一块随时可用的写字板和一支笔。

观察记录在于把老师观察到的东西以故事的形式记述下来，就像她亲身经历的那样——不作不必要的评价和笼统的陈述，但也不要貌似客观、细致入微地描述孩子的行为，比如："安娜举起手臂成直角。"

除了以自己作为最重要的观察手段以及要配备纸笔外，相机也能提供很多帮助。它的作用是辅助记忆，有时候一张照片能表达的内容比一百个字还要多。然而，仅凭照片很难有说服力，它需要解释。通常只有将故事和照片结合起来，才能清楚地知道孩子们经历了怎样的学习过程，也才能从中得出评价教学行动的结论。

观察包含了多种可能性，有的老师愉快地确认孩子们已经能够利用各种学习机会，什么都不缺了；有的老师对自己的行为进行反思，打算以后减少介入；有的老师找到了改善环境和材料的具体做法。因此，我认为观察在环境创设中起着核心作用。

如果没有观察和记录，环境创设与儿童的能力水平就难以达成一致。传统上，幼儿园进行环境创设不是基于对儿童行为的观察，而是基于固有观念——约束和常规。幼儿园家具公司在这方面发挥了关键作用，它们继承和发扬固有传统，其结果就是：除了一些配有桌椅的教室外，幼儿园似乎不再有其他什么选择了。

过去，这些家具是为了保证孩子们能够安静地使

---

① Schäfer，G. E./Alemzadeh，M./Eden，H./Rosenfelder，D.：Natur als Werkstatt. verlag das netz，Weimar/Berlin 2009.

② Schäfer，G. E./Alemzadeh，M.：Wahrnehmendes Beobachten，verlag das netz，Weimar/Berlin 2012.

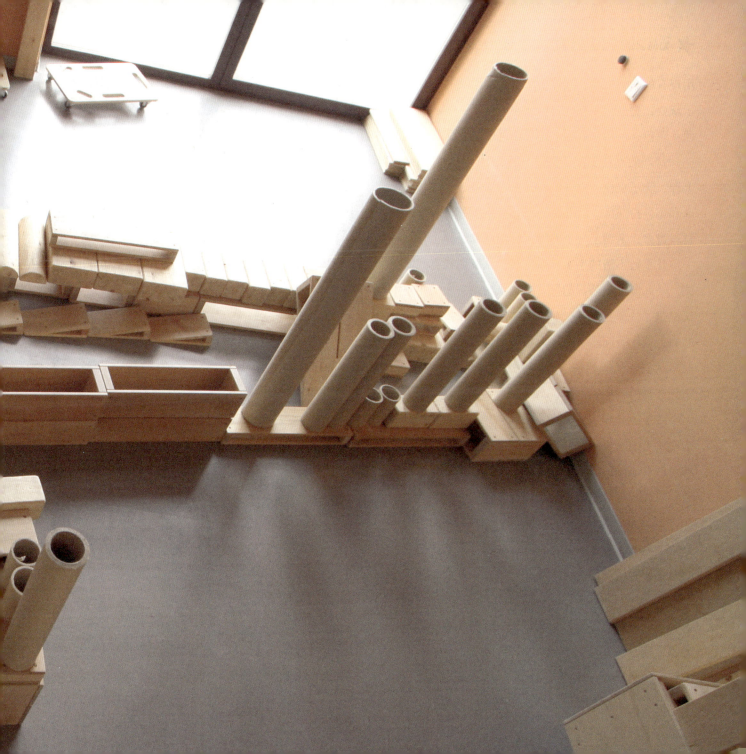

用现有的教学材料。然而，所谓桌面游戏并不只是为了玩耍，更是为了让孩子们在它的帮助下学习一些东西：颜色、形状、数字，还有最重要的规则。

房间的家具配备是模仿中小学的，但幼儿园并不上课，除了桌椅，更多的属于基础设备，也就是搭建区和角色扮演区。这些区角通过矮柜分开，由于游戏材料过多，塞满了每个缝隙。有画作和绘画工具，有一堆几乎数不清的手工制作材料；从罗斯托克到博登湖，幼儿园家具公司的每一本目录为每一所幼儿园不仅提供了完整的设备，而且提供了全面的教学方案。然而，这正是问题所在：设备不是价值中立的，不能简单从属于某一种教学法。夸张一点儿甚至可以说，家具和材料就是教育学。

为了避免误解，有必要强调一点：不是要把日托中心所有的家具和材料都搬走。但家具和材料中暗含的未被反思的传统观念和惯常的规则应该经受实践检验，对此，没有其他工具比观察更合适。

观察通常意味着一个较长的、往往是复杂的过程的开始，在这一过程结束时，房间的改变让所有参与者都感到满意。只有通过观察，我们才能得知现有的东西是否实际有用以及如何使用，也才能决定如何改变房间布局。家具——如矮柜——是作为存放处或分隔设施而购买的，它也能实现改变空间布局的功能。不过，除此之外，孩子们还喜欢攀爬矮柜，从上面跳

下去。

这个例子说明，从观察中得出结论是很不容易的。不是孩子要适应家具，而是家具要适应孩子，攀爬禁令已经不再适用。

另外，准许孩子攀爬家具并在上面跳跃也不是解决办法，因为这样可能会和其他正在进行搭建或创作的孩子发生碰撞。有的研究团队对孩子们的活动需求作出了回应，他们提出的建议是：每周某天上午，安排孩子们可以根据自己的意愿改造家具。于是，桌子、椅子和底柜突然变成了有趣的场所。之所以有这样的提议，是因为老师们认识到每周一次的体育活动是不够的，也不可能让几个好动的孩子自己跑到走廊或室外去。但在我看来，对这个提议的尝试不会持续很久，可能首先是因为家具容易受到损坏。因此要赶紧寻找其他的办法，尽可能以符合孩子们个性的方式来满足他们的身体活动需求。

但这正是观察的局限性所在：它告诉我们孩子们喜欢运动，它还向我们准确地展示了孩子们是如何做的，但它没有告诉我们应该提供多大的空间、准备哪些材料。这需要参考其他理念作出决定。

我认为，这里对儿童活动兴趣的观察与环境创设的联系在于观察为我们提供了理论联系实践的契机。我们必须检验当前的教育理念是否适宜，决定性的原则是该理念是否有利于支持儿童的自主性。

如果我们运用概念，提供具体的材料和某种类型的空间设计，观察又是获得进一步行动线索的手段，即修正、扩展或与其他概念相结合。

在下面的章节中，我将举例说明并提出如何观察的建议。在此期间，我将追述克劳斯·米德津斯基的"建筑工地"等概念，这些概念的发展对儿童活动的观察起到了核心作用。

在这个意义上，观察是以儿童为中心的环境创设的出发点、支点和关键。它为寻求解决意识到的问题提供了动力，是检验这些解决办法是否恰当的试金石，并且为必要的变革奠定了基础。

对混龄的看法

即使在50年后的今天，瑞吉欧也明确回答了把孩子们分成年龄组的问题：他们应该在年龄相仿的群体中得到照料。

混龄分组是开放式教育的典型做法，甚至超越了传统的3~6岁混龄。

我主张走中间路线，也就是适度混龄，年龄跨度控制在2~3岁。3岁以下的孩子可以按年龄分组照看，3~6岁的孩子则实行开放式教育。

混龄分组的盛行源于管理者的需求，是他们对供应缺口作出的灵活应对。这是人口变化导致的儿童数量减少以及政治决策的结果，例如，满足3岁以下儿童受到合理照料的权利。

以前，日托中心只为特定年龄范围的儿童提供托位，取消这些限制就会扩大儿童的年龄范围，所需要的仅仅是一个管理行为。但这种做法只是表面形式，对老师与孩子的关系、空间设计或材料配备等不会产生任何影响。

混龄分组的主要依据是：当同在一组时，不同发展阶段的孩子会相互激励。他们的关系不那么具有竞争、比较的特点，相反，每个孩子可以体验不同的社会角色。正如与父母建立的较为稳定的关系所带来的优势，长时间处于混龄组也会让儿童获得类似于与兄弟姐妹相处的感受。

除了灵活性和节约成本外，混龄分组的另一个依据是它对儿童的社会行为有着积极影响。人们总是用这种群组与家庭作比较，就像一个由 20 个 2~6 岁儿童组成的群体，由两个老师来照看，仿佛营造了一种类似家庭的情境。

日托中心是一个和家庭完全不同的机构，它要对家庭育儿进行补充，也就是说，由受过专业培训的专业工作者来完成照料、保育和教育任务。相比于带有小花园的家庭公寓，日托中心通过精心创设的环境和学习条件为儿童提供了更多的发展机会。

若不考虑混龄分组类似家庭情境这个理由，年幼的孩子和年长的孩子在一个群体内相互激励的依据就不一定是事实。必须更仔细地检验混龄组中的孩子是以什么样的方式建立关系的：他们相处只是因为他们是一个组内的成员，还是因为他们之间真正建立了联系，能够相互影响？

"关系"经常被提及，这并不是偶然的。雷纳特·提尔施（Renate Thiersch）和雷吉纳·迈尔－艾辛（Regine Maier-Aichen）[1] 在他们关于同龄儿童和不同龄儿童之间关系形式的研究中提出了这样一个观点，他们区分了一般联系、游戏伙伴和朋友这三种形式的关系。一般联系可以发生在不同年龄段的孩子之间；游戏伙伴关系是短期的，经常会发生变化；互为朋友的孩子之间有着更显而易见的亲密关系。一般来说，这只适用于年龄相差半岁左右的孩子。"总的来说，无论是从年龄还是从性别来看，同质性似乎都是儿童关系的一个重要标准。"[2]

雷纳特·提尔施指出，在混龄分组的方式下，再划分小组是必要的。同龄孩子间建立联系的重要性不容小觑，要同时处理好两方面：不同年龄段孩子的不同兴趣和需求以及同龄孩子相互间的兴趣。因此，各小组的年龄构成应是大致均匀分布的，不应有个别孩

① Thiersch，R./Maier-Aichen，R.：Studie über die Beziehungen von Kindern in drei unterschiedlichen Einrichtungen unter dem Gesichtspunkt von Altersmischung und Öffnung der Gruppen. Landeswohlfahrtsverband Württemberg-Hohenzollern 1991-1995.

② Thiersch，R./Maier-Aichen，R.：Beziehungen von Kindern in altersgemischten Gruppen – Bericht über eine Untersuchung. In：TPS extra，1995，S. 11.

子与其他孩子存在明显的年龄差异。

儿童对同质性的需求与混龄分组的"受益"截然相反，孩子们会因为年龄的不相称而不得不经常面对被别人拒绝，这就需要多划分一些小组，例如，在由20个2～6岁儿童组成的小组中，每个年龄组的孩子不能超过4个。

和与家庭作对比一样站不住脚的还有支持同龄分组的依据。在25个同龄孩子组成的小组中，竞争行为和能力比较可能会增加。事实上，在德国的日托中心中并没有很多同龄组，同龄这一组织原则在20世纪80年代就被摒弃了。我认为这是正确的，不知道会有谁愿意重新采用这一原则。

我主张保留3岁以下的适度混龄模式。基于上述原因，我反对将3岁以下的儿童纳入3～6岁的群组中，这也符合开放式教育的要求。在我的印象中，以开放式教育方式照看3岁以下的儿童并不成功，无论是3岁以下的儿童还是年龄大一些的儿童的需要都得不到满足。在日常流程、组织、空间设计、材料选择以及与老师的关系方面，似乎都不可能兼顾到3岁以下的儿童和稍大一些的儿童的跟年龄相关的需求。

3岁以下的儿童比大一些的儿童更需要与老师密切接触。因此，当低龄幼儿在老师的视线和听力范围内并且在1～2个集体房间中受到照看时，也就是在一个配备了运动、创作、角色扮演和搭建所需的一切东西的"大本营"中时，他们的自主教育过程将得到最持久的支持。

我主张将托育机构中的3岁以下儿童作为独立的群组，采取分龄照顾模式，而对3岁以上的儿童进行开放式教育。因为没有完美的解决办法，所以我不得不接受从托育机构到幼儿园的过渡会存在问题，但我相信专业的实践工作者能够很好地解决这个问题。

入口、大厅、走廊和家长区域

·

入口

在瑞吉欧教育学中，我们说"入口是一个机构的名片"。商店和餐厅认可这一看法，但幼儿园则不然。尽管如此，日托中心入口和活动室入口区域的建筑设计还是有很多出色的例子。

以胡弗兰德公共受托协会赞助的魏玛日托中心为例，它阐释了"入口是一个机构的名片"建筑设计的两项标准。第一项标准是中心应具有一定知名度，第二项标准是入口要容易找到。

当然，日托中心不需要塔楼或者浮夸的大门，但是入口应该展示出对来客的欢迎，且能够引起人们的好奇心。为此，魏玛日托中心"特奥多尔·比尔罗特"（Theodor Billroth）在其朴素的建筑入口处安装了一个外形略不规则的木质结构的设施。它既能遮风挡雨，又能吸引眼球。

另一个能吸引眼球的设施是由建筑师们想出的红色信箱。

位于魏玛蒂尔福特地区的日托中心的入口不仅在建筑方面进行了设计，而且采用了园林设计的方案。

人们可以从街道穿过一个回廊进入该日托中心。

日托中心位于汉堡奥腾森区的一个前巧克力工厂内，隐藏在一个庭院的车道后面。为了引起人们对日托中心的注意，其负责人采用了传统手段，挂上了一个指示牌。

中心的外部——入口处必须是醒目的，能吸引

来访者且表现出欢迎态度，还要能传达丰富的信息。当你踏入中心时，从入口区域便能获悉是谁在这里工作。

团队可以用不同的形式和方法来展示自己，在这点上我只举两个成功的例子。

奉行瑞吉欧教育法的工人福利会（AWO）日托中心位于哈姆市，在其银行家之路（Bänklerweg）的墙上，中心管理人员和老师用典型的手工工具制作了拼贴画，以展示该中心的基本情况。在波恩附近的诺因基兴（Neunkirchen）圣玛格丽塔日托中心，老师用孩子们自己画的肖像画和发表的评论来展示自己。

信息墙和信息板要放置在入口区域，看上去越简单明晰、越整洁，越能有效地展示中心内外的信息。这里也有很多不同的系统，我只举一个我特别欣赏的例子。

位于罗斯托克工厂学校的日托中心中，挂着一块大木板，上面装了一些可插入 A4 规格的纸张的透明框，人们还可以在上面附上信息纸条。另外，不必局限于 A4 这个规格。由于板子是木质的，因此人们也可以制作其他规格的展板。

瑞吉欧教育法的另一个关键词可以应用在入口处："让墙说话。"这表示墙面应该直接传达信息，而不是通过装饰来告诉人们一些关于教学工作的事情。用图片和文字的形式记录下关于孩子和老师的工作，有时简明扼要，有时又如同在埃尔福特城市托儿所里那样，像孩子们观察教堂的钟那么仔细。

在埃尔福特"发现世界"日托中心有一个历史悠久的项目[①]，可以向家长们展示具有丰富文字记录

① "发现世界"托儿所参加了"学前教育"的示范项目，从 2001 年到 2004 年，这一项目在舍费尔教授的科学指导下开展。见 von der Beek，A./Schäfer，G. E./Steudel，A.：Bildung im Elementarbereich – Wirklichkeit und Fantasie. verlag das netz，Weimar/Berlin 2006。

的文献。在其他日托中心，可能需要提前准备好要介绍的内容。这时就适合使用大规格的装饰形式，如附有大型照片和简短文字的包装纸页。这样，人们即使只是路过，也会对中心有一个整体的印象，就像汉堡鲁多尔夫街道城市日托中心制定的主题"创造数学"那样。

在瑞吉欧，日托中心可以与图像设计师合作。同样的视觉法则适用于教学文件和展示中，就像做广告一样通过大规格来引起注意，但也要注意原创性。内容和形式之间要有张力，以便使展示的内容更加有趣。

比如，AWO 日托中心在银行家之路的墙上挂着一个大灯箱，里面放置了儿童的作品，图片上覆盖了透明薄膜。灯箱开启后，柔和的光影吸引着人们惊奇的目光，也凸显了作品的重要性。为了吸引人们的注意力，也为了使孩子们的作品拥有一个有价值的展示环境，弗赖堡市丽瑟菲尔德（Rieselfeld）日托中心在入口区域使用了展示柜。

入口大厅

出于对大厅透明度——这个词具有双重含义：一方面是灯光的穿透性，另一方面是儿童和老师在工作中能被看见——的渴望，位于鲁尔河畔米尔海姆的新教日托中心"诺亚方舟"（Arche）发展出一种多方面解决方案。在瑞吉欧教育团队的鼓舞下，建筑师们打通了隔断大厅和相邻的公共活动空间的墙面，并安装了室内窗户。

在其中一面墙上安装了一个深层的架子，可以让室内窗户空出来，形成一个可供儿童和成人停留的夹层。如果不想透过内窗看到对面，可以关上推拉木窗。

因此，这里可以同时达到三种效果：第一，黑暗的大厅因为内窗变得明亮起来；第二，通过内窗可以观察到房间内的情形；第三，内窗与长椅形成一处有趣的景观，供人们在此停留和观赏。

日托中心的大厅通常看起来像火车站大厅或街区路口：人来人往，环境嘈杂，有穿堂风，会令人十分

不舒服。换句话说，就是一个没有人喜欢长时间停留的中转站。

然而在一些日托中心，情况却恰恰相反：大厅被设计成具有代表性的多功能空间，如可以作为成年人们开会的场所或者儿童们做体操的地方。不过，就我个人的经验来看，这种多功能性并不那么有效。

有代表性的入口大厅是宽敞而高大的，其巨大的面积能够让人印象深刻。如果能够利用大小和高度在更多层面上为儿童们设立活动和休息的地方，这对孩子们来说是很合适的。然而，按照传统标准的空间将不再具有代表性，因为代表性体现在未使用的空间和奢华的尺寸上。

高大宽敞的入口大厅也会出现声学方面的问题。如果是人流密集的日托中心，即使孩子们没有在大厅中嬉闹，也会产生令人难以忍受的噪声。除此之外，他们在园内空地中没有任何自由的空间。楼层之间产生的视觉联系以及对于巨大建筑的观感远远弱于开放的大厅所产生的吵闹声。

在瑞吉欧，大厅的设计效仿广场——城市的中心广场。如同一个市集一样，大厅位于建筑的中心，是用玻璃围成的园内空地，光照充足。

在瑞吉欧，可以看到以往三个班的标准建筑设计是地面设计，通过一个位于中心的大厅来连接各种公共活动区域，因此没有走廊。在建筑的中心有一两座小型的带有玻璃棚的庭院或者一座大型的庭院，可以使光线透过房间。否则，建筑中心部位就会漆黑一片。

大厅的一部分作为儿童餐厅使用，其余部分作为

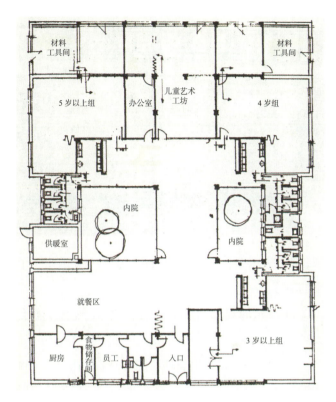

三个班儿童的玩耍场所。大厅是孩子、老师和家长日常碰面的场所，也是开会和展览的场地。

房间里的空间：大厅

瑞吉欧教育提出了"换装蜗牛"（更衣间）的概念，它能够使大厅成为一个房中房的构造，可以达到延缓进入、避免拥挤的效果。

"换装蜗牛"由两个半圆形的木质组件构成，它们相对放置，形成一个可移位的圆形或者一个螺旋形。这样就会构造出一个受保护的内部空间，孩子们可以在里面更换衣服。在"换装蜗牛"内侧的墙壁上，可以安装一些挂钩，挂一些手帕、帽子或镜子一类的其他用具。孩子们在"换装蜗牛"内换好衣服后，就可以直接走进大厅。

这两个半圆通过其几何形状形成一个稳固的结构，它们可以放置在房间内的任何地点，并且很容易移动。如果大厅中太吵，也可以把"换装蜗牛"放置在孩子们最常嬉闹的地方，这样就可以让孩子们吵闹的活动稍微安静一些。

在汉堡鲁多尔夫街道城市日托中心，只有一间小活动室供两个小组进行开放式教育。因此，负责人安内莉·鲁芬纳赫、木匠马蒂亚斯·巴克和作为日托中心专家顾问的我，思考如何能够利用入口大厅更多地满足孩子们的活动需求。

大厅被设计成一个具有多种功能的空间，此外，通往室外区域的过道也设在那里。交通路线和孩子们的活动需求相去甚远，因此需要找到一种解决方案，将两种功能分割开来。

这个想法的初衷是为了"疏导"交通，即给去往室外区域或者从那回来的儿童和成年人指明一条限制性的道路。为实现这一目标，必须采取若干措施。

马蒂亚斯·巴克搭建了一个房间隔断，将走廊与房间隔开，形成了一条通往室外区域的道路。同时，房间隔断在走廊和活动区域间还起到了一种视觉保护的作用。在活动区域，房间隔断还可以作为长椅使用，长椅下还可以存放游戏所需材料。

　　另一项措施是改变地面铺设。在活动区域铺上地毯，走廊上铺设脚垫清除鞋底的脏东西，并对这两个区域进行色彩上的区分。这些空间设计的变化需要制定一个规则：儿童和成年人不能把户外穿的鞋穿进室内活动区域。

　　为了给孩子们提供嬉戏的机会，也为了使他们尽可能多地开展不同的游戏，你可以使用一些盒子、木板和大型木质积木这样的可以具有多种功能的材料，用于运动、搭建或者进行角色扮演游戏。通过这种方式，大厅成为一个房中房，孩子们有了比之前更多的活动机会，而这得益于将"游戏"和"交通"功能分割开。由于所有的游戏材料和房间隔板都不固定，是可移动的，因此大厅仍然可以作为会议场所使用。但大厅工作重点得到了明确，其被设计成为孩子们日常游戏、活动和集会的空间。在特定场合下，它也可以供成年人使用。

房间里的空间：走廊

　　要利用走廊中的部分区域进行小组活动，隔断是很有用的，其中包括透明隔断和不透明隔断。在圣玛格丽塔日托中心，走廊上挂着一个带有口袋的透明浴

帘，光线从走廊上的窄窗中透过，为画室创造出一个小的前厅。

　　可透光的窗帘可以保证走廊的其他地方不会太暗。

　　比如，在基尔市的露西（Russee）日托中心，可能就需要在走廊里挂上一个厚厚的布帘，以形成隔断并起到视觉保护作用，同时达到最强的吸音效果。在这里，布帘就安装在吊顶的隔音天花板下面，并围起了一个角落。

　　走廊往往是一个"死的"空间，不能用任何东西将它分隔开，且出于安全性考虑，在这里不能摆放任何东西。那就只能让人们在这里来回跑了吗？

　　不。实际上，人们还可以在这里安装一个长凳，就像马蒂亚斯·巴克在魏玛的陶巴赫（Taubach）日托中心所设计的那样。

长凳有弧度，有不同的高度。这看上去美观大方，还具备多种用途。如果窗户对于孩子们来说太高，他们可以爬到长凳上向外看。同时大人们也可以坐在那里休息。

如果走廊十分宽敞，且有通向外面的逃生通道，那么在消防检查的过程中，就不仅可以进行消防演习，而且能持续支持幼儿在不同高度的运动需要，就像马蒂亚斯·巴克在汉堡的赫格霍尔特（Hegholt）日托中心中沿着墙壁安装的游戏平台一样。

入口、大厅、走廊：声学、光线和色彩

鉴于入口的形状千变万化，我只提醒每个日托中心都要注意的一个方面：中心应该有一个门廊，否则在寒冷的季节里，相邻的大厅和走廊只能在很有限的范围内使用。

对于大厅和走廊的声学效果，还需要提到一个必须考虑到的方面：降低噪声。在大多数日托中心，大厅和走廊只被用作交通路线。因为孩子们根本不应该在那里玩耍，所以在这些交通路线上根本没有安装任何隔音设施，即使在本来就有隔音天花板的日托中心中也是如此。同时，在我所知道的所有日托中心，孩子们都会在大厅和走廊中玩耍，尽管在那里没有任何隔音设施，并且孩子们会经常发出震耳欲聋的声响。为了营造一个能够接受的声音环境，大厅和走廊中必须配备隔音天花板。有时，直接将帆布在天花板上拉开即可。

地板特别是那些容易打理的瓷砖或石板地面，通常都会发出不悦耳的声音。虽然大部分人都知道地毯能够吸收声音，但由于其维护费用较高和易磨损，所以一般不铺设在入口、走廊、大厅等地。然而，有一种材料却很合适：球纱地毯（Kugelgarn）。它看起来像一块柔软的针毡地毯，而且因为线材在纺织前就已经经过染色，所以它不吸水，且特别耐磨损。你可以在地毯干燥后用吸尘器吸掉污渍。因此，这种地毯是走廊和大厅的理想选择。

根据我的经验，有两项禁令措施对降低高分贝噪声很有成效。如儿童球池等可能产生高分贝噪声的设施，以及所有可能产生较大噪声的活动如驾驶小玩具车等，都应该禁止在大厅或走廊中出现。虽然把儿童球池移到大厅或将走廊用作汽车的跑道可能是个好办法，但我建议取消这些活动，它们只能使孩子们一直做一些单一的运动。

位于鲁尔河畔米尔海姆的新教日托中心"诺亚方舟"有一个一举三得的设计。为了能够用简单的方法制造出不同的灯光效果，在由荧光灯组成的箱体下面拉伸了帆布。建筑师采取了团队的建议，在丑陋的日光灯箱下挂上了彩色的布条。这样一来，日托中心就拥有了价格低廉的灯具和可以吸收回音的帆布。而且由于帆布更换起来较为便宜，所以在大厅中很容易营造出不同的氛围。

这个日托中心的例子表明，可以将房屋中一个不起眼的空间变成极具吸引力的市集广场——一个大家都喜欢在那里聚集的场所，如一个靠色彩搭配营造的环境。建筑师们可以采用一些已经存在的东西，如红色漆面的金属框和大门。墙面可以漆成明黄色，柱子可以粉刷成中蓝色。

家长区域

当许多孩子需要适应日托中心环境时，是否应

该同时给父母提供一个固定的或者临时的地方？这是一个很难回答的问题。在孩子们适应日托中心的过程中，父母必须与孩子分开；父母有一个停留的地方也是十分重要的，这样可以在孩子需要父母时迅速找到他们。如果孩子们不需要适应日托中心，或者只是少数孩子需要，可以将这个供父母停留的区域用作别的用途。也许，父母几乎没有使用过为他们准备的空间。

由于人们不知道事情会如何发展，我会用现有的东西为家长们布置出一个停留的区域，观察家长们的行为并询问他们的意愿。我的印象中，在不同的日托中心，甚至在同一家日托中心里，父母是否会接受为他们布置的场所的情况每一年都是不同的。如果能够通过记录资料或者屏幕查看当前与孩子们一起工作的照片或通过介绍了解教育工作的情况，家长们应该会很乐意使用这个地方。

衣帽间

日托中心应充分注意衣帽间这个空间，因为孩子和家长每天早上和下午到这里，并完成每日的告别和相见。每一个设计和布置衣帽间的人都应该清楚，这个房间不仅在早上和下午使用。当孩子要外出时，老师也会在这里帮助孩子穿脱衣服。而且，孩子年龄越小，其使用频率就越高。

因此，衣帽间不能太过杂乱或装饰繁缛，要提供最起码的舒适感。对孩子来说，这意味着尽可能让所有孩子都能在凳子上找到地方穿脱鞋子。

成年人也需要一个坐的地方和一个高一些的台面，如一张能够舒适地给孩子们穿脱衣服的桌子。对孕妈来说，一定要准备一张桌子；如果空间不够，至少要有一张折叠桌。

一张长凳非常有用。如果房间中间有空位，可以将一两张桌子的腿锯掉，当作一个宽敞的能够坐和站的区域。

衣帽间作为名片

考虑周全的衣帽间设计能够最大程度地让日托中心看起来整洁和一目了然。

马蒂亚斯·巴克开发了一个衣帽间模型，里面有一张长凳，孩子们可以坐在上面，因为它与墙面保持了一定距离，这样孩子们就不会陷入衣服中。长凳下面有一个放鞋子的格栅，清洁起来没有问题。在三角挂钩上面至少要有一个箱子用来放帽子、围巾和手套。如果其他房间没有地方放储物柜，就需要两个箱子来存放东西。在衣帽间的相应位置标记上孩子们自己的照片和名字，会比使用动物标志或其他标志更好。衣帽间里应该提前规划出这个空间。

在雷肯费尔德的圣弗朗西斯科日托中心，孩子们的照片挂在一条线上。日托中心现在有一些照片卡，连同父母的信息放入一个带有两个凹槽的木框中。木匠将木框固定在衣帽箱上。

如果有可能在入口处向家长提供信息，我建议不要建衣帽间。日托中心也应该有比衣帽间更好的地方

来存放文献资料。

    下面介绍一些实践中的例子。

    汉堡鲁多尔夫街道城市日托中心最初的设想是把衣帽架安置在大厅的墙壁上，这就意味着在大厅的任何位置都能看到它。这也可能成为你对该日托中心的第一印象。

    对于衣帽间的建筑功能定义，一个重要的方面就是：它是一个半公开的空间，让使用者可以避开公众的目光。因此，马蒂亚斯·巴克在日托中心大厅里建了一个半圆形的衣帽间，为孩子、家长和老师提供了

间给暖气片散热。一种反对的理由是，这种设计不具备灵活性。然而，如果在规划过程中考虑到所有方面，这并不一定是一个缺点。衣帽间很可能不会在有一天因为纯粹的需要而必须改造，如果多年后需要改造，这应该也不是问题，因为教育理念的变化自然会表现在日托中心的室内设计中。[1]

颜色、光线、声音和材料特性

众多颜色和形式的童装使人眼花缭乱，衣帽间不需要再有更多的装饰。

为家长提供的信息应该简洁明了，并以中性色调背景呈现。本来，衣帽间上方的墙壁空间通常都不适合张贴详细信息或文档，特别是当服装十分显眼的时候。

一个令人愉快的视觉印象不仅仅是由一个正常运作的秩序系统打造的，更重要的是由自然光或人造光以及墙壁颜色所创造。由于衣帽间往往没有或只有少量的自然光源，所以应该有明亮但温暖的人造光源，最好是通过壁灯照明。与房间相适应的吊灯也能满足这一点。

虽然因为衣服的颜色多样，墙面通常会被刷成白

必要的隐私保护。由于设计的美感，衣帽间在大厅中也十分引人注目。

一个很好的建筑创意是在衣帽间中部设置低矮、加长的暖气片，并用木板覆盖在上面，常年用作长凳。冬天，它会让人感到舒服。另外，还有足够的空

① 在汉堡苏泽特街道 SOAL 日托中心的衣帽间里，暖气片在 40 年后从中间移到了墙上。这样一来就把衣帽间划分出来，为餐厅创造了空间。

色，对衣帽间色彩的精心设计可以让衣柜呈现出符合期望的外观。在这里，我想要提醒大家的是，因为日托中心的条件各不相同，所以我对颜色就不多提具体建议了。

即使是衣帽间，也要在重新设计的过程中安装隔音天花板。在现有的日托中心里，可以借助风帆①来减少噪声。

在许多日托中心，衣帽间都铺设有瓷砖或石板地

---

① 这是指平行于天花板伸展开的三角形布帆。

面。虽然它们很牢固，方便清洁，但它们太坚硬了，会极大地加强声响。因此我建议应考虑大面积铺设地毯，避免使用石质地板，或者——根据我的经验，铺设球纱地毯是很有效的。

衣帽间的位置

在新建和改建时，要把衣帽间设置在何处？这是很难或者完全不能从原则上决定的。首先应明确的是，衣帽间要直接设置在入口处，以便尽可能少地将污渍带入房间。如果只有一个出入口，直接将它设立在室外也是一种实际的解决办法。但是，问题马上就出现了：将一个房间布置成衣帽间，能供多少组儿童使用？根据我的经验，不能超过两组。

在汉堡 SOAL 日托中心的"萨塞尔之家"，在两个教室间的过道处设置了一个供两组儿童使用的衣帽间，直接通向室外。虽然走廊不宽敞，但孩子们从外面进来时都会把鞋子上的污垢留在衣帽间，工作人员对此感到非常满意。

一旦由房间到室外有多个出口或者存在多种可能性时，这个问题就很难回答了，什么才是实用的办法？衣帽间在大门口还是在各组旁边？当然，孩子们最好不要直接进入，尤其是在下雨天。在房间和室外之间，需要设置一个过渡区域。一种木质结构的走廊设计是有效的，但一定要在门前安装大格栅，在房间

里也要铺上大脚垫作为补充。

改装后的衣帽间

在我所知道的很多日托中心，衣帽间都是经过了改造的。一部分是因为这些房间更适合作为孩子们的游戏场所，另一部分是为了满足需求。根据我的经验，把一个没有窗户且不能自然通风的衣帽间改造成餐厅的效果并不好。我认为，在选择用餐地点时，储藏室的氛围和缺乏自然光都是作为排除项的指标。

据我观察，一个房间如果没有窗户，是最容易作为角色扮演室使用的。它给孩子们提供洞穴搭建的机会，如借助纸箱、木板、布料和麻布等。如果墙上安装了吊环，孩子们还可以自己进行拉伸。

无窗的衣帽间通常也适合作为换装角落，孩子们可以在一个遮挡物的背后更换衣服，遮挡物可以是窗帘、屏风、横架、华德福支架或者马蒂亚斯·巴克开发的带滚轮的衣柜。

如果衣帽间位于走廊，我一般不建议用走廊来玩耍。因为如果走廊除了用作衣帽间和交通路线外还有第三种用途，这样对想让孩子们专注地玩耍和日托中心的整体氛围都不会有积极作用。尤其不要将走廊作为赛车道，不管上面有没有车都是如此。我主张把其中一个房间改造成不同的活动区域，因为走廊的高分贝噪声对整个中心的氛围都有负面影响。

衣帽间和家长接待处

　　如果在功能室进行开放式教育，家长早上在房间里的停留会打扰孩子们的游戏过程。家长坐在房间里，当他们与老师或其他家长交流时，也会发出声响。

　　事实证明，在功能室前设置家长接待处是个有效的做法。当然，在适应阶段，家长会陪同孩子进入房间。

　　每个父母都可以自由地与孩子一起进入房间，让孩子给自己介绍一下环境，或者只是看看。房间前面的接待处要向家长传递信号：在这里，你可以把孩子交给老师，不必把孩子带进某个房间里。大一些的孩子可以自己选择先去哪个房间。

　　同时，接待处要明确：儿童的活动室不是家长聊天的场所。这也是因为接待处解决了一个在开放式教育中可能出现的问题——当一个房间靠近入口时，早上会比其他房间更频繁地有人进出。

　　接待处可以有一张桌子，就像有很多老师在教室里一样，可以是一张柜台式长桌或者一张可供站立使用的斜面桌。在开发"汉堡空间布置方案"时，我们发现可供站立使用的斜面桌特别适合这一用途。它形成了一个视觉的冲击点，老师们可以在桌面上作简短的笔记。如果桌子带有抽屉，就可以储存一些东西。

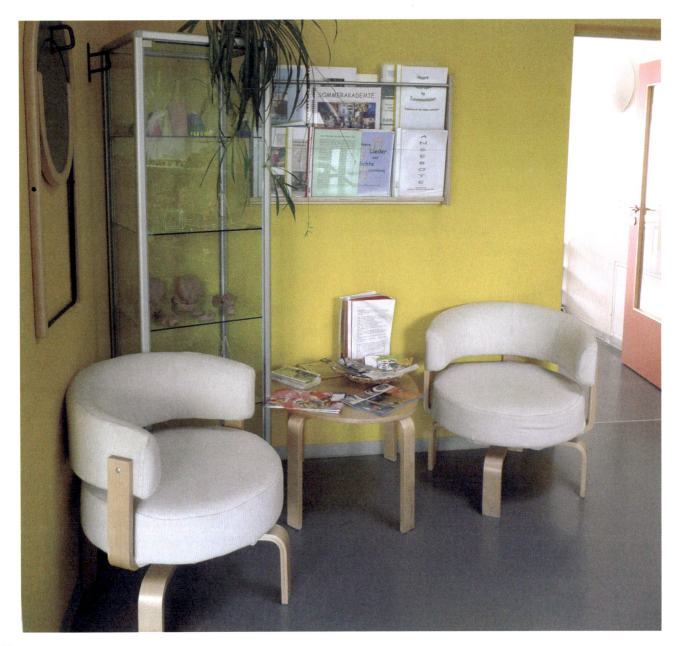

老师早上待在那里，自然也需要一个座位，如一张沙发椅、一个沙发。如果缺乏空间，还可以放一把舒适的椅子。

接待处应该靠近衣帽间，并且可以与家长等待的地方连接起来。

儿童餐厅

如果能够在新建或改建时规划儿童餐厅，那就最好不过了。虽然在个别联邦州仍然存在空间布置方案中没有预先设计儿童餐厅的情况，但由于其优势往往能够说服财政负责人，并顺利地建造起来。

基本思路是在日托中心中只有一个地方是用来用餐的，不是每个班级或小组有一个餐厅。并且餐厅最好能离厨房近一些，甚至直接和厨房连接在一起。很明显，这样做产生的效果是：从厨房到餐厅的路径很短，不需要推餐车去送餐，更不需要送餐电梯。也不需要有人去端餐送餐，并且只有一个房间需要打扫。

这其中，教育学层面的收益更大：房间中不需要再提供可供 25 个甚至更多儿童使用的桌椅。这在实践中也腾出了本应供玩耍的空间。

空间设计产生了意想不到的新的可能性，与其同样重要的是时间上新的灵活性。孩子们的一些活动不需要因为就餐的过程而被迫中断，因为在单独的房间已经准备好了午餐。

儿童餐厅是从前日托中心里没有的一个供孩子们碰面的地方，即使儿童餐厅位置不好——如位于埃尔福特和雷肯费尔德的日托中心，我会在之后说到——其优势也是非常大的，因为孩子们喜欢聚在一起。在许多日托中心，儿童餐厅正发展成为交流沟通的枢纽，同样也是家长和老师们沟通的地点。

位于雷肯费尔德的圣弗朗西斯科日托中心在儿童餐厅中尝试过许多儿童护理模式，其中一种模式是：三组各有一名老师轮流照顾孩子们，但过程中不会全程陪伴孩子们进餐。从 8：30 到 10：30，中心会增加一名助理人员照顾孩子们吃早餐。

圣弗朗西斯科日托中心的老师索尼娅·哈根在儿童餐厅设立一年半后收集了孩子们的感受。她询问孩子们是否还记得在小组中吃过的早餐，是否喜欢儿童餐厅以及儿童餐厅的好坏。以下是孩子们的一些感受：

● 弗里达（5 岁 11 个月）："儿童餐厅很不错。我觉得我们能够一起在那里吃早餐非常棒——西亚（Thea）、英加（Inga）和我。有时候餐厅没有位置了，我们就回到小组中一起玩耍。我们轮流看有没有空着的位置，然后我们再一起吃早餐。"

● 安娜（5岁7个月）："我经常和莫里斯（Maurice）一起去吃早餐。有时那里很吵，有时又很安静，但总是让我感到很舒服。"

● 莫里斯（5岁10个月）："我觉得和同学一起吃早餐也很棒。但是如果我们还是在小组中一起吃早餐的话，就不能够一起玩'冰淇淋商店'和'搭房子'的游戏了。"

● 卢卡（6岁6个月）："有时候有小朋友在儿童餐厅里面大喊大叫，这让我很烦躁。"

● 赛琳娜（5岁11个月）："我还记得我们在小组里一起吃早饭的时候。我觉得很舒服，但我觉得儿童餐厅也很棒。"

● 英加（6岁6个月）："儿童餐厅很不错，我们经常在那里一起吃早餐。有时没有位子了，我们就一起等着。当我们第二次再去餐厅时，位置就空出来了。"

● 卢卡（5岁6个月）："我觉得儿童餐厅很好，有白色的那个东西。怎么说来着？哦对，帘子！帘子很好，这样我们就不会很冷了。"

● 费莉齐阿（4岁2个月）："我有时候会在餐厅和我的兄弟劳伦茨、莫里斯见面，因为他们在别的小组中。"

● 莫尼克（6岁2个月）："我一直觉得小组中的早餐很棒，因为老师们会和我们一起吃早餐。但是我最喜欢儿童餐厅，因为在那里我可以和朋友们坐在一起吃饭。"

● 保莉妮（6岁整）："不管是在小组中用早餐还是在儿童餐厅中用餐我都经历过。在小组中吃早餐的过程我不太能回忆起来了。但是我觉得儿童餐厅非常棒，因为我可以和其他所有的孩子们一起用餐，不仅仅是只和我们小组的成员坐在一起。"

● 贾斯丁（4岁9个月）："我认为儿童餐厅很棒。只是有时候我会觉得他们说废话很愚蠢。"

如果想要采取开放式教育，就需要在房间之外的地方另找位置用餐——一个孩子们运动、搭建、创作或者进行角色扮演游戏之外的地方。在所有这些空间里吃饭或多或少都会缺少合适的地方，至少当房间已经有了具体的空间设计特点时是如此。由于大多数日托中心都不能重新搭建一个房间，因此必须对现有房间进行改造。

当两个小组共同进行开放式教育时，他们可以利用共同使用的区域来寻找解决办法：将其中一个房间变成餐厅，空出其他房间中的桌子和椅子，这是很有用的。

不过在这之前，应考虑是否有不在计划之内的适合此种用途的房间能改造成儿童餐厅。如果愿意妥协，在每个日托中心中几乎都能发现这种房间。下面的一些例子可以证明这一点：

在埃尔福特的"发现世界"日托中心，有一条宽

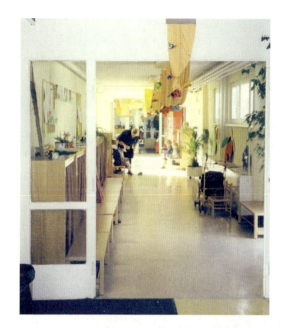

阔的长廊，长廊两边都有窗户，并且长廊也被用作衣帽间，还有供暖。它不仅仅是一条交通路线，还是一个完整的空间。

衣帽间怎样设计才能更吸引人呢？我很想知道衣帽间是否需要如此大的空间。我建议可以缩小衣帽间的规模，将空出的面积用于儿童餐厅。然而问题是走廊是位于建筑两端的各组之间的唯一连接通道，所以必须进行一些平衡。

● 变式一：将走廊空间用作吃饭区域，以空出团体活动室中的桌椅，为建筑、创作和角色扮演游戏腾出空间。

● 变式二：继续将走廊作为交通路线，不在房间中作出太多改动。

哪个更难呢？

我认为团队和家长们的疑虑都是可以理解的，我也不确定价格是否过于高昂。当收到改造后的热情反馈时，我就会愈加惊喜。团队装了一面墙，与位于走廊末端的现有隔断间形成了一个新的空间。虽然这个空间需要纵横穿过，让人们从中心的一端穿到另一端，但正因为这样，才形成了一个碰面地点。过道最初是最妨碍这一选择方案的因素，如今却成为孩子、老师和家长的意外惊喜。

新的空间很受孩子们的欢迎，在每次用餐间隙还有茶水提供，母亲们定期在这里聚会、碰面，所有人

都很满意。

　　我把这归功于整个团队都积极地参与了空间设计。工作人员们负责在走廊中安装新的吊灯，而不是通常用的走廊顶灯，因为他们注意到照明对于空间中氛围的重要性。他们在最终报告中写道："两天以来，我们努力混合各种色彩，用温暖的地中海色调营

造出空间的幸福感。我们缝制了相应颜色的窗帘来减弱噪声，墙面成为大大小小的艺术家们展示作品的区域，从靠近楼层一侧的窗户可以看到内院和池塘的景色。"①

　　位于波恩附近的诺因基兴的圣玛格丽塔幼儿园中，也有一条宽敞的走廊被改造成了儿童餐厅，其用长

　　① 示范项目（Modellprojekt）：学前教育"现实与幻想"（Bildung im Elementarbereich »Wirklichkeit und Fantasie«），埃尔福特"发现世界"日托中心项目展示（Projektpräsentation der Kita »Weltentdecker«，Erfurt）。

布条划分区域边界，这些织物通过导轨安装在天花板上。

　　位于雷肯费尔德的圣弗朗西斯科日托中心也遵循了这一原则。在那里，团队在入口大厅设立了儿童餐厅。为了打造一个边界灵活、透光性好且美观大方的房中房，我建议还是用长布条，它既能够吸收回音，又可以阻止从入口处吹进来的穿堂风。

　　在图林根州下多尔拉小镇的新教幼儿园中，人们

萌发出一个想法，即关闭两个入口中的一个，从而创造出一个空间，作为儿童餐厅使用。

　　但有时候也可以再扩建一个房间。例如，在魏玛的"风车上"（An der Windmühle）日托中心，厨房与走廊巧妙地设计在了一起，这样可以从两边进行使用。

厨房的限制

儿童餐厅的组织性和教学性附加值都非常大，所以托幼机构也设有中央餐厅，可以供小组活动或者作为不开放的功能室使用。瑞吉欧就是这么设计的。

然而，这也存在一个风险：从儿童的年龄和发展特点的角度出发，3 岁以下儿童应该在他们熟悉的环境中与熟识的伙伴和老师们一起用餐。另外，日常流程中的用餐、身体护理和睡觉的地点不可相隔太远。3 岁以下儿童在这些活动中非常依赖老师们的陪伴，所以一切都要从空间布局的角度来展开，避免给成年

人带来更高的难度。

另一个限制是在同一房间中一起吃饭的儿童的数量。从我们的经验来看，合适的数量最好不要超过两个小组，建议容纳 40～50 名儿童。

即使这样，人数往往还是会太多。除非整个空间经过精心设计、装有隔档，最重要的是配有有效的隔音设施。

最理想的情况是 20～25 名儿童一起吃饭，即一个小组的规模。他们可以一起用餐，或者在两个不同的时间点中选择一个用餐。这样一来，孩子们可以更好地感知自己是饿了还是想继续投入到游戏中。

儿童厨房

不知道从什么时候开始，儿童厨房成了潮流，它被看作是适合儿童在幼儿园中进行烹饪和烘焙等日常活动的地点。假设儿童们可以独立完成这些工作，就需要一个较低的高度。

根据我的观察，事实并非如此。在幼儿园中，烹饪和烘焙属于儿童和老师共同进行的活动，所以符合儿童高度的儿童厨房对于成年人来说不符合人体工程学，这会迫使成年人作出不舒服的姿势。此外，微型炉灶并不适用于此，因为它太小了，不适合烹饪和烘焙。

传统的厨房设备更实用，花费明显较少，并且能

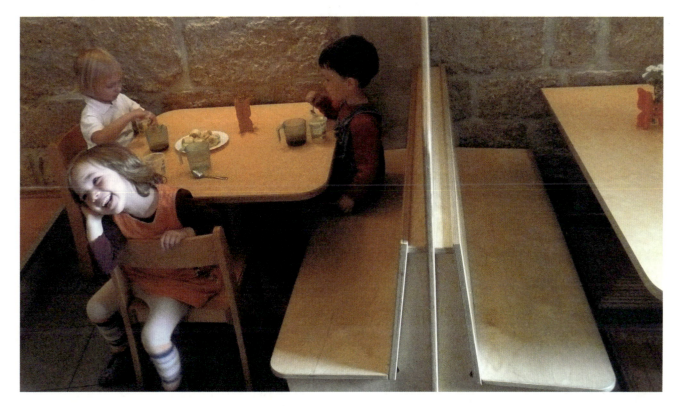

保护老师的背部。最理想的厨房设备不是垂直安装在墙上，而是横向摆在房间中。这样一来，可以在一边给孩子们放置一些小站台，而另一边可以设计成成年人的高度。如果是安装在墙上的厨房设备，孩子们可以站在平行的台阶上，够到工作台。

问题和解决方案

除了一些对儿童餐厅抱有热情的孩子和老师外，还有一些持怀疑态度的实践工作者。一些人拒绝中央

餐厅，因为他们更喜欢和小组成员一起在小组活动室进餐。另一些人担心，尽管儿童餐厅有着明显的优势，但仍弊大于利。这种担忧既针对儿童，又与他们自身的舒适感有关。但当他们自己经历过一次之后，这种顾虑往往就会打消了。

然而，有几个问题必须解决。一个问题是用餐不再在老师们逗留的房间内进行，这需要重新设计日常看护流程。由于每个日托中心的条件不同，在这里我只想请大家考虑两个基本点。我建议，可以尝试培

养所有人一起吃早餐的习惯。我所合作的日托中心团队对家长和孩子进行的调查显示，有不少孩子早上来中心前已经吃过早餐了。当然，每个日托中心的情况不尽相同，但这是很容易弄清的状况。如果孩子们已经用过早餐并且想要玩耍，就没有理由阻止他们。此外，如果孩子们能决定是否吃早餐，就不会存在将早餐固化成一种仪式的风险，不必将成年人和孩子们捆绑在一起。

根据我的经验，"滚动"早餐是一个不错的选择，有时可以与自助餐相结合。所谓"滚动"指的是其他孩子可以占用空出来的位置，这样，就可以以几个人为一小组而不是以大家围坐一圈的形式安排座位。除此之外，与孩子们讨论的环节不应该局限在早餐时进行，也可以在其他场合如儿童会议中展开。

此外我发现，在许多日托中心，早餐时间都过长。我觉得这没有必要，更何况这还会缩短玩耍的时间。

孩子们支持儿童餐厅的理由之一就是其可选择性——在两种甚至三种午餐时间中选择，这通常是有必要的。空间的容纳量有限，因此不可能让所有孩子在同一时间进餐。

作为"轮班"午餐的替代形式，事实证明，以下做法可以采纳：规定一个可以进餐的时间段，这样，

固定数量的位置就可以在这一时间段承载更多儿童。因为当他们吃完饭后，位置会被下一轮用餐的孩子们占用。虽然这样保证了每个孩子的就餐时间，但是也会导致频繁的来来往往。

在对两种变式进行过尝试之后，可以权衡两种形式的优劣。

在儿童餐厅中，老师必须特别关注新来的孩子，他们应该在自己已经熟悉的老师陪同下熟悉儿童餐厅的环境。老师可以向新来的孩子展示物品的位置、说明规则，以这种方式和他们建立联系。当他们获得一定的熟悉度和安全感后，可以将任务交给其他孩子。

一个现实的担忧是儿童餐厅很吵闹，我将在下一节讨论这个问题。

空间布置

如果重新设计一个日托中心，儿童餐厅通常是最先考虑的地方。你只需要将孩子们分组吃饭时的桌子和椅子搬到房间中，这样就布置好了儿童餐厅。通常情况下，桌子和椅子会有剩余。桌子可以有不同的用途①；如果有足够的空间，椅子可以存放在那里，或者把靠背锯掉，将椅子变成多功能的板凳。

但是，也会出现现有的桌子和椅子占用太多空

---

① 例如，锯掉一截桌腿，桌子可以作为衣帽间的座椅、搭建区的平台以及角色扮演区的舞台部件。

间的情况。在"汉堡空间布置方案"的框架下，我们为这种情况制定出了"火车车厢解决方案"。马蒂亚斯·巴克制作了两张长椅，背对背靠在一面墙上（见57页）——就像是在一些火车上一样——这样就可以在较小的空间内容纳更多的孩子。这个节省空间的方案在我看来还有一个明显的好处——可以让孩子们在用餐时形成小型的小组。在这里，相较于大型小组，孩子们相互之间或者和老师之间可以更安静地交流。

为了降低噪声，在一个夹层空间中营造舒适的餐厅氛围，马蒂亚斯·巴克开发了各种隔断墙，如用帆布拉伸到木框中作为隔断使用。

在许多情况下，日托中心团队需要随机应变，以执行计划。我一次又一次地被这个过程中产生的丰富

想法所启发。例如，我曾在汉堡市的一家日托中心的儿童餐厅中看到宜家的衣帽间长椅被作为座位使用，还有兼具了桌子的功能的带支架的平面。

为了使孩子们能够独立自主，并确保事情能够顺利进行，配备炊具、玻璃杯、餐具或者适合儿童身高的套装很重要，架子或者一个带悬挂门的柜子也很合适。

瑞吉欧开发了图画菜单，我也立刻明白了瑞吉欧人这样做的理由。他们注意到许多孩子早上都领着母亲去看菜单，让母亲为他们朗读菜单上的食物名称。因此，菜单上的图片可以让孩子们不再依靠成人的帮助，能自己选择食物。

瑞吉欧人得出的一个最重要的结论是：这张对孩子们来说明显很重要的菜单应当以他们能够理解的方

式来制定，也就是使用图片而不是文字。

座位安排

如果儿童餐厅可以重新装修，我建议用板凳代替（有靠背的）椅子。如果餐厅只是用来吃饭，就不如多功能小组活动室或是婴儿活动室那么重要了。尽管如此，我还是不会购买椅子，因为凳子具备以下三个优点：

● 首先，它符合人体工程学，无论儿童还是成年人都可以挺直地坐在上面。

● 其次，它具备多种功能，儿童使用它的次数明显比使用椅子的次数要多。

● 最后，它的成本比椅子低。

在担任专业顾问期间，我曾与理疗师佩特拉·亨德里克斯（Petra Hendricks）一起工作，她使我坚信小板凳是椅子的一个非常有效的替代品。由于市场上没有合适的符合我们所需用途的凳子，我们开发出了一个模型。后来，马蒂亚斯·巴克对这个模型进行了简化和改装。目前设计出的适用于托育机构儿童的凳子高18～22厘米，针对幼儿园阶段儿童的凳子高26～30厘米，更大一些的孩子的凳子高34～38厘米，适用于成年人的凳子高42厘米。

通常来说，椅子对于托育机构的孩子们来说太高了。椅子合适的高度应该是孩子坐在上面时两脚可以

踩到地面。

由于身高不同，不可能让每个孩子都找到最适合的椅子高度。不过，只要仔细观察一下有多少孩子"正确地"坐在椅子上就够了。如果他们的腿在晃悠，就可以作出一个在许多日托中心中不得不作的决定，即需要缩短椅子高度。

幼儿园阶段常用的椅子高度一般在30～36厘米，但是这对于大多数3岁孩子和许多4岁孩子来说太高

了。我建议给这些孩子使用 26 厘米高的椅子，30 厘米高就完全够了，因为这符合身体护理原则：宁愿坐得过低，也不要太高。

桌子通常比椅子高 20 厘米。也就是说，当椅子高度是 26 厘米时，桌子高度就应是 46 厘米。一个临时的解决办法是，允许孩子们坐在椅子上，或者直接跪下，或用双腿交叉坐下。尽管姿势可能不太优雅，但是这是最符合他们的身体特性的，他们是在通过其他身体姿势来补偿双脚与地面缺乏的接触。

其理由是，桌子和椅子的高度对于儿童来说太高了，但是对于成年人来说又过低了。无论如何都需要避免这种情况发生，因为这有害于身体健康。儿童坐在椅子上时，椅子的高度要和身高相符，桌子的高度要和孩子们的座椅匹配。这意味着，如果椅子高约 40 厘米，孩子们坐在上面能够达到桌面的高度。

理疗师的建议是：应该坐在桌子的一角，以便将双腿搭在桌子两边，这样膝盖在移动时不会撞到桌子的边缘。由此可见，圆桌是不合适的。此外，圆桌占地面积比方形桌要大。

在我的印象中，人们关于符合人体工程学的座椅对老师的重要性的认识在过去几年有所提高，但缺乏一种万能的解决办法。在"汉堡空间布置方案"的开发过程中，我们做了各种尝试，最后发现，包括球形座椅和跪坐凳在内的椅子都不适合。得到正面反馈的

除了上述适合成人高度的凳子和座椅外，还有带滚轮的办公椅等。

我觉得人们似乎低估了传统和常规所带来的不良影响。我总是观察到，尽管有符合人体工程学的座椅，但它们总是在角落蒙尘，而老师却仍坐在小椅子上。

在我看来，这是管理者们需要去解决的问题。不过，同事之间也应当相互提醒，强调这些符合人体工程学的座椅的价值。

最后，我有一个想法：如果要杜绝有害健康的习惯，对我来说，这不仅包括座位的问题，而且包括为什么坐在某个地方的问题。如果人们在这方面也提高了一定的意识，那么在管理者们的支持下，老师们肯定能够在日常实践中更多地尝试符合人体工程学的事物。

声学效果、光线、色彩和材料特性

我喜欢用"儿童餐厅"这个词，是因为它指明了空间设计的手段，使这个空间成为一个能够用餐的舒适的公共空间。例如，在一家舒适的餐厅中，由于已经采取了所有可能的措施来削弱噪声，所以空间内不会太过于吵闹。这种方式应用到儿童餐厅中，意味着那里必须安装一个隔音吊顶。同时我认为窗帘也是必不可少的，因为它们不仅看起来赏心悦目，还可以吸

收声音。为了达到这个目的，需要尽可能地采用大面积的布料厚实的窗帘，或者用于覆盖的织物，更好的是紧绷的帆布材料，这些都很有效。①

地板不应该采用能够反射声音的材料。尽管石质的地板容易打理，但最好使用毡布材质的地板。

墙面只能刷漆，千万不能用可洗的涂料（橡皮材质）覆盖，因为这会加强声音的效果。

前面已经提到过可以减弱声音的夹层，可清洗的天花板或者整套装备（窗帘或帆布）也同样有效。

儿童餐厅中舒适的照明可以通过安装吊顶灯来实现，最好在每张桌子上方都悬挂一盏。最佳的解决方案是将壁灯和吊灯结合起来，因为在用餐时需要的环境是明亮的而不是昏暗的，但同时光线也不能过于明亮。② 在新建和改建时，应该安装壁灯。但在现有房间中，吸顶灯可以替代壁灯的效果，用作照明的间接光源。

在挑选颜色时，很多因素都有影响。在我看来，在不太暗的房间中使用强烈的暖色调是个不错的主意。

如果可以购置新的家具，应该选择那些表面没有涂过漆的。因为幼儿园使用的家具通常表面平滑、坚硬，容易加强声音效果。

多功能性及其局限性

在儿童餐厅的支持者中，有一些人认为这是一个理想的多功能空间。相比之下，我过去几十年的实践经验清楚地表明，即使不具备多功能性，越能符合儿

---

① 参见"声音、灯光、颜色和材料特性"一章，第217页。
② 见"灯光"一节，第226页。

童需求的房间也越能在日托中心的日常生活中发挥作用。这一点尤其适用于用餐场所的类型和高度。

我认为，日托中心中所有家具的高度都应该根据儿童们的身高来调节，儿童餐厅中也应如此。从蒙台梭利坚决主张家具购置应该从考虑孩子们的身高体型开始，我就认为这是幼儿园的一项了不起的成就。

一些机构在儿童餐厅中配备成人家具，因为考虑到在用餐结束之后，儿童餐厅也能够供成人和儿童一起使用。众所周知，儿童也可以坐在高椅子上，但成年人却很难坐在小椅子上。这也就导致了儿童餐厅放弃了作为儿童房间的功能，成了孩子们在为成人设置的房间中吃饭。在有些情况下，这种设置是合理的。例如，汉堡市中心的一个日托中心使用的是成人用的萨塞尔"文化教育中心"餐厅，但这个日托中心也在尝试建立自己的儿童餐厅。

简而言之，如果不想让经济学理论禁锢住思维，就会得出这样的结论：不是所有的东西都可以一物多用。

音乐室

即使能在所有的日托中心设立一个单独的音乐室，我也不确定这是否有意义。至少，如果日托中心人手太少，就不会有人经常使用这个房间。

如果由外面的音乐专家负责，就会出现两个问题：日托中心有足够多的房间能够让团队建立自己的音乐室吗？而且这个音乐室只是偶尔使用——当专家在时才使用一下。还是让音乐专家来改造房间？如果是后者，改造哪一间呢？这两种情况都存在问题。

日托中心很少有真正的音乐室，因为几乎都没有足够的房间和设施。据我观察，这种房间只会在个别情况下设立，然后又被撤销。原因是孩子们在里面嬉闹，乐器会受到损害。

我猜想，只有当日托中心有"创作音乐的文化"和足够多的活动机会时，音乐室才能作为一个房间"发挥作用"。如果不是这样，孩子们其实只是利用一切机会来嬉戏，而这是理所应当的。

通常情况是占用一个运动室作为音乐室使用，这种情况是基于把音乐作为一个特色项目时才会发生的。出于经济原因，不得不在固定的时间点、时段、房间为固定数量的孩子准备音乐室。如果没有单独的音乐室，而现有的房间又必须被占用，这意味着实际上只有一小部分孩子能够使用音乐室，大多数孩子无法使用。

我觉得，各种活动占用房间尤其是运动室是有问题的，运动室应该随时可供所有孩子使用。在我看来，一个设备完善的运动室是每个孩子都会使用的。所以儿童应该会觉得，如果没有很重要的理由，是不会有人阻止他们进入运动室的。

一个重要的原因可能是音乐需要空间，因为孩子们会随着音乐摆动或跳舞。否则，我不知道有什么理由能够剥夺其他孩子在运动室活动的机会。

我之所以如此关切这一问题，是因为在实践中，很多问题都是所谓"特色项目"（如语言、英语、数学和物理等）的泛滥所造成的，它们占用了房间、消耗了时间。教育计划、培训以及科学知识的教授这些围绕积极、好奇、专心地投入某件事的孩子展开的内容，通过同时宣传某种"儿童形象"和"特色项目"而与实践处于高度矛盾的境地。一方面，对于不参与"特色项目"的孩子，通过关闭房间来限制他们的活动，除非有特别有利的空间条件。另一方面，参与"特色项目"的孩子经常在进行游戏活动时被打断，他们无法拒绝"特色项目"。所以，他们不仅要放弃自己可能正在做的事情，而且等他们从"特色项目"中回来时，很难接续之前的活动或者参与其他的活动。毕竟，就在他们完成"特色项目"时，其他孩子还在继续玩耍。

我发现，这些论点说明，我们应该仔细考虑向儿童提供些什么。在音乐方面，我认为任何想要给孩子提供高质量"特色项目"的人都需要接受培训。理想情况下，每个日托中心的团队都应该有一名音乐老师，就像瑞吉欧的艺术老师一样。我也可以想象，这样的专家会和很普通的老师一样——能够学习这个专业，并且收入跟老师一样。

在我看来，另一种变通方式更现实：我会把花在音乐项目上的资金投入到对员工的培训上——既包括对所有人的培训，也包括对那些特别感兴趣的人的培训。

没有音乐天赋？

从教育的意义上来说，想要支持孩子的自主性和成人的主动性，我主张首先把音乐看作一项每个老师都应该面对的共同任务。我认为没有人不懂音乐，很多人只是后天羞于用自己的声音来唱歌、用自己的身体来跳舞。此外，由于日托中心室内的隔音效果不好或者其他可避免的高噪声的原因，声音也会受到压制。我觉得，许多成年人和自己歌声间的困难关系是决定因素。多洛特·克洛伊施－雅克布（Dorothee Kreusch-Jakob）注意到："缺乏兴致或安全感往往与自己童年经历有关，在有过失望的音乐体验后，声音就像发了霉一样。这样的内心伤害可能会完全阻断我们的声音表达意愿，让我们失去唱歌的欲望。"[1]

我认为，应该把"我不懂音乐"或"我不会唱歌"之类的说法从老师的能力清单中删除。[2]这不仅对孩子有好处，对大人也有利。他们不再把嗓音当作陌生的东西，而是当作自己个性的一个完整的组成部分，甚至当作他们自己能够演奏的一种乐器。

当你唱歌时，你打开了自己，让呼吸流动，让情感得到表达。有时，需要的只是一点勇气。因为孩子

---

① Kreusch-Jakob，D.：Jedes Kind braucht Musik. Kösel，München 2006，S. 48.

② 参见 Jacoby，H.：Jenseits von Musikalisch und Unmusikalisch. Christians Verlag，Hamburg 1984. 以及一本较新的音乐心理学方面的专著：Stadler Elmer，St.：Spiel und Nachahmung. HBS Nepomuk，Aarau 2000.

们喜欢唱歌，比起"优美"的声音，他们更能感知大人们对唱歌的态度。

基础的音乐活动

因此，幼儿园不应该进行传统意义上的"音乐早教"，开展一种限定的项目——与陌生人每周相处一次，长一小时——更像是中小学课程具备的特点。在幼儿园里，更多的是关于日常生活的音乐，所有大人都应该尽可能参与其中。

"音乐幼儿园"是一个特例。在一些日托中心，音乐专家和孩子们一起工作，孩子们由此体验到成熟的音乐技巧。我能想象到这是一个"亮点"，但这不能作为日常实践。我想要使用更多的资源，使音乐专家能够融入日托中心的日常教学工作中。

基础的音乐活动应该由老师自己提供——更确切地说，在日常生活中以专业的方式提供。

专家和空间的两种结合特别富有成效，即专家与运动室的结合以及专家与角色扮演区的结合。

在运动室，从音乐到舞蹈，所有的活动都可以进行。角色扮演区的空间可能较小，但由于它的特殊性，更易于进行即兴发挥和表演。

如果角色扮演区的老师认为自己也负责教授语言，那么可以和孩子们一起学习歌词。

"儿歌"的范畴很宽泛，我在这里只想简短地介绍一下。有许多优美的古老童谣应该代代相传。[1] 同样，在现代儿歌方面，这些儿歌虽然选取了当代的主

---

① 2006 年，爱丝铃歌（Esslinger）出版社出版了一本精心设计的面向 9 个月以上的孩子的歌曲集：*Es tanzt ein Bi-Ba-Butzemann*。

题，但在歌词和旋律上通常要费一些工夫。这也是从专注于某件事的意义上来说的一个原因，即参加进修，寻找相关文献和有趣的录音媒体，不要被音乐行业宣传活动所迷惑。

说得再直白一点：如果日托中心把专家请来做基本的音乐教学工作，我认为这是日托中心无能的表现。那些在日托中心挣额外收入的音乐专家不喜欢听这些话，但我确信，在日托中心的日常教学中，唱歌、跳舞和弹奏远比在私人授课中提供的单独辅导更符合学龄前儿童的能力和需求。

此外，这一点对于3岁以下的儿童来说尤其如此。在这里，我觉得陌生人来到日托中心为孩子们提供"音乐早教"完全是浪费钱。要么这些音乐专家教的就是老师们在中心做的，显然音乐专家会不自信；要么他们教的无法与中心的日常实践联系起来，因为老师并不从事音乐方面的工作。

我想鼓励老师去处理这个问题，并且希望他们意识到：当他们将手指游戏、运动游戏和歌曲委托给陌生人时，他们白白浪费了什么机会。即使那些陌生人抱有再好的意愿，也不能够适应每个孩子。

即使很多音乐专家带来了老师不会演奏的乐器，在我看来也不是一个令人信服的理由。我认为很重要的一点是，孩子们能够在信任关系的基础上进行音乐活动，特别是这个活动要与孩子们的其他活动相配合时。无论采取哪种手段，确保在指定时间段中发生成年人预先计划好的事情都是不明智的。此外，我还看到一个结构性的问题：越来越多的属于老师能力范围内的东西被剔除掉了，老师却没能得到鼓励。在日托中心团队被迫接受能力的丧失，为了寻找跟专家见面、研讨的房间、时间和机会而操劳之前，他们更应该利用自己或团体的专业知识来思考空间设计和材料选择等课题。

教师专业化原则

没有人是先天不懂音乐的[1]，恰恰相反，每个人生来都有音乐潜能。如果充分考虑了孩子们的基本需求，在用于运动、搭建、角色扮演和创作的区域中就应该有一位专门负责的老师深入探究音乐这一主题，有足够的人员的话会更好。如果还有更多的房间，只负责音乐的老师可以使用一个额外的房间。

但由于这并不是硬性规定，通常情况下，人员和空间是有限的。我想要鼓励不得不克服这一状况的所

---

[1] 此外，法国医生和语音学教授阿尔弗雷德·托玛提斯（Alfred Tomatis）写过《子宫里的音乐世界》（Klangwelt Mutterleib）一书。该书于1994年由慕尼黑的柯泽尔出版社出版，我推荐它。

有老师：既不要因此退缩，也不要把做音乐这件事委托给专家。

在现有的房间里，与整个团队一起进行音乐活动肯定是没有问题的，特别是一起唱歌和做音乐活动游戏。如果要在小组中用乐器来演奏音乐，情况就有些不同了。这些小组需要一个不受干扰的地方，不想参与或者不应该参与其中的孩子也需要得到保护，并且不受干扰。

为了在小组中工作，一个额外的房间是很有用处的。不过，房间在30～60分钟内也可以改变用途。如果小组工作是在一个特色项目或项目框架下进行的，可以使用现有的任意一个教室甚至是画室。

多洛特·克洛伊施－雅克布在她的书中就音乐的使用提供了许多具有启发性的例子。[1] 我非常喜欢她提出的绘画与音乐间的联系，即保罗·克利的一幅画，它由许多紧密相连的彩色方块组成。孩子们先找出克利用了哪些颜色，并且自己挑选一种颜色，然后用这种颜色绘画，即单色画。这些单色画可以拼成一幅大的绘画作品。

然后，他们一起为每种颜色选择一种声音。最后，一个孩子当指挥，当他用小棍指着画上哪个孩子

画的颜色时，哪个孩子就会发出相应的声音。[2]

演奏音乐的乐器

幼儿应该唱哪些旋律和歌词，是个不容易回答的问题。除此之外，如何找出适合孩子们的乐器也是一

---

① 也可参见 Kreusch-Jakob，D.：Zauberwelt der Klänge. Kösel，München 2002。

② Kreusch-Jakob，D.：Jedes Kind braucht Musik. Kösel，München 2006，S. 162.

个问题。我赞同多洛特·克洛伊施–雅克布的观点，她将以下乐器列为用于即兴演奏的乐器：

用于即兴演奏的乐器

- 声音玩具：霹雳青蛙、游乐拨浪鼓、鸟哨、迷你小号、旋转陀螺。
- 节奏乐器：摇鼓、拨浪鼓、声音棒、摇铃、转铃、手鼓、三角铁。
- 槌奏乐器：木琴、钟琴。
- 五音笛：一种专门为儿童制作的乐器，短而粗，笛孔比竖笛小。"音域较窄，只有五个音节，因此能够很快就创作出小型旋律。借助五线谱，几个孩子可以一起轻松地进行即兴演奏。"[1]
- 坎特勒：一种拨弦乐器。
- 弦琴：一种梯形弦乐器。

这些乐器大多不需要花很多钱，而且它们非常结实，可以放心地交到孩子手中。但是，即使只有几个孩子，他们也能用这些乐器发出很大的噪声。因此，必须对乐器的使用进行引导。

不应该让孩子们随时都能使用乐器，也不应该让所有的孩子一下子就体验完所有的乐器。少即是多：

---

[1] Kreusch-Jakob，D.：Musik macht klug. Kösel，München 2003，S. 51.

让少量孩子充分体验为数不多的乐器，但不限时间。这对不懂乐器的老师和孩子们来说都是很令人兴奋的，也是很令人放松的。

当然，你也可以自己制作乐器或者对材料进行改造，特别是家里的材料——锅、瓶和烹饪木勺。节奏乐器可以用罐子、盒子、纸箱和结实的纸筒制作，鼓可以用花盆制作，鼓面可以用羊皮纸、麂皮或气球制作。①

---

① 见"我会敲鼓"章节，载：Kreusch-Jakob，D.：Jedes Kind braucht Musik. Kösel，München 2006，S. 167ff。

搭建室

一个独立的搭建室应该为孩子们提供一些非常简单的东西,但这不是容易做到的事情,先要为搭建提供足够大的空间。这就要求我们取消所谓的建筑角,将整个空间都改造成搭建场地,只有这样才可能实现个体的自主学习。也就是说,从根本意义上讲,只有当孩子们拥有足够的空间时,他们才可以自己进行选择。他们可以选择要做的事情以及和谁一起游戏、玩多长时间,这通常被称为"自由游戏"。其实这是个同义重复词,因为游戏本身就是自由的。媒体总是把"自由游戏"等同于"宠溺式教育",尽管这是我们能够给孩子们提供的最具挑战性的东西。

从下面两页的图片可以看出,孩子们不需要传统意义上的玩具就能够活跃起来。当有事情要做的时候,他们就会主动去做。

孩子们需要同伴，但不是一群孩子，他们会两个人、三个人或者四个人一组。至于其他的事情，一般都交由大人来安排。

搭建材料

为了使孩子们能够在自己选择的小组中游戏，除了要有足够的空间外，还必须要有足够的材料。

如果几个小组的空间和材料不足，孩子们就会互相打扰。他们不得不互相等待，矛盾也会因此产生。这不仅会让孩子们不愉快，而且会让老师为难，老师所能提供的一些解决方案往往难以令人满意。呼吁孩子们要耐心或者唤起他们的社交能力、让孩子们耐心等待、请求他们体谅或者斥责争吵者，这些都不是儿童道德发展的必然过程，而是对他们自我教育意愿的巨大限制。

那么，这究竟与什么有关？与成年人眼中稀缺的空间和材料有关。如果孩子们有大量的空间和材料可以利用，那么谁都不必等待或者放弃，也就不会有争吵了。

我描述的不是一个童话中的世界或者一个人工乐园，而是说如果可能的话，孩子们至少要有一个房间可以使用。在那里，他们可以安安静静地进行搭建

活动。

如果成年人占满了所有的空间，即使我们有再大的决心和意愿，也无法为孩子们提供更多的空间。孩子们会率先体会到这一点并接受现有的情况，他们也只能如此。但在孩子们做这件事或者说不得不做这件事之前，老师、管理者、顾问、室内设计师、开发商以及建筑师有责任尽可能为他们的教育过程多提供帮助。

在位于魏玛的陶巴赫（Taubach）日托中心[①] 中，我观察到孩子们能够自然地处理好现有空间的局限性以及有限的材料。理由是：当需要更多的空间时，一个男孩会亲手毁掉他现有的建筑作品。

---

① 陶巴赫日托中心是马蒂亚斯·巴克在"汉堡空间布置方案"的基础上重新设计的。

可以用一个例子来说明足够的空间、丰富的材料就能避免纠纷：在陶巴赫日托中心的搭建室内，同时有四组孩子正在游戏，每组有两个人。一个女孩和一个男孩在左后方的角落中进行搭建，之后其他的孩子们也加入了进来。

根据老师的介绍，这个角落是使用得最频繁的。它的吸引力显然在于其划定的界限：人们通过让这一区域保持空置状态"创造"出一个空间，使其发挥启迪的作用，同时传递着一种安全感。这很可能是孩子们乐意在那里搭建的原因。虽然孩子们在游戏时互相离得很近，但他们各自在游戏中实现了自己的想法，选择了与其他孩子不同的材料。我们又可以猜一猜这其中的原因了：是孩子间的个体差异？是不同年龄段孩子的日常状态、发展状况？还是材料——砖凳和积木非常丰富？或者是在搭建的过程中这些材料随时可用？

无论如何，在两小时的游戏过程中，我们没有观察到任何冲突；相反，孩子们相互之间作出安排，他

们的想法非常活跃 [1]，并能够巧妙地利用空间，且注意力不曾分散。

房间中的空间

如果孩子们有机会划分空间，他们就会这样做：用能够进行改装的桌子和椅子、可以悬挂布匹和毛毯的箱子、隔离带或工地警示桩来标记地带。

这样一来，孩子们不仅重新分隔了房间中的空间并适应了它，还避免了冲突，而且是以一种自发的、直观的、非常实惠且聪明的方式。孩子们在完全投入的情况下是不会产生实质性冲突的。

在一个刺激丰富的环境中，孩子们会随着自己的

个性无障碍地进行互动，特别是他们会对自己和身边其他人的行为进行评价。如果你能安静地陪在孩子们身边，不对他们的行为进行干涉，就能够观察到他们更愿意和对方协商而不是争吵，更愿意互相避让而不是让争端升级。这个情况在每所幼儿园中都能够观察到，很少有冲突发生。因此，就孩子的数量、体型或年龄来说，房间不能少于一定的标准。

为了使孩子们能够轻易地在房间中找到自己的"地盘"，重新塑造地面是有必要的，平坦的基座可以在房间中毫不费力地将孩子们划分成若干群体。如果将平台安置在与搭建室内通道相关联的位置，也有助于孩子们自我管理，它们之间的边界可以随时取消。

---

[1] Hülswitt, K. L.: Material als Denkwerkzeug. Kinder begreifen Mathematik durch Zählen, Ordnen und Strukturieren. In: TPS, Heft 10/2003.

如果可以在房间内安装多个平台，那么它的高度应该在 20～28 厘米。

即使没有太多预算，想要重新设计房间的日托中心团队也可以将搭建室中的桌子锯掉腿后用作平台。桌子越结实，临时做成平台的效果就越好。同时，锯掉腿后的桌子也可以作为材料库使用。

一个在经济上投入较大但兼具美学效果且通常比较理想的解决方案是借助平台安装地面，并以这种方式将搭建室划分成不同的区域。最有效的方式是沿着人行走过往的路线安置这些平台，但也要考虑到门的位置。

如果把平台延伸到门框边上，就可以更好地利用现有空间。因为门是向内侧打开的，门的摆动半径前经常有很多空间未被利用。孩子们若在这个区域活动就会持续受到打扰，同时也会打扰到别人。

低矮的平台就像小岛一样，即使它的四周湍流密布，人们也可以从中获得安全感。上调 20 厘米高度，还能减少冲突的发生，因为此时平台的边界会比地毯的边界清晰许多。

用地毯标记建筑角落，在集体空间中很有必要。但在 20 多年前，我在瑞吉欧中听到过这样的说法：仅仅通过地毯来标记建筑空间，界限不太明显。因此可以采用平台，孩子们也可以在平台上面进行搭建活动。

马蒂亚斯·巴克在处理空间的问题上开发了一个十分有创意的方案，他通过释放空间来创造空间。这在搭建室中特别有效，他为其安装了建筑平台。这些建筑平台可以让空间得到释放，孩子们也可以用多种方式使用该空间。

建筑平台一般都有弧形边缘，这为马蒂亚斯·巴克设计的房间中充满和谐气氛作出了贡献。平台与搭建材料的直线和直角形成了对比，从而使得房间原本的单调感消失了。

日常材料和收藏

人们可以很好地收集搭建室中的材料并发挥其作用。鞋盒就很有价值，最好不少于 50 个。鞋盒的盖子应该与下面的部分粘在一起，这样可以让纸板部分

更加牢固。此外，木板可以作为稳定装置，也可以当作倾斜的平面。尽可能用稳定的纸筒，不要用不同长度和直径的卫生纸卷作为装饰和连接材料。

随着盒子被填满，幼儿们就有了他们所需要的大型搭建材料。孩子们在这个年纪不需要一些小的系统搭建零件，这些零件要求他们具备很多精细动作的技能，而他们缺少一些运动技能的训练。

孩子们用木板和纸盒搭造"建筑"，在房间中创设空间用来独处。同时他们也在用材料进行实验，这

虽然十分理想，却不耐用，必须反复购买材料。尽管如此，这还是一份值得付出的努力。

最理想的情况是两者都有：免费的日常材料和收藏品，以及必须花钱购买的大、中、小型号的木质材料。

大型积木

大型积木最初是在英国根据福禄培尔原理设计并开发出来的，它不仅稳定、十分牢固，而且还很沉。①无论如何，它都会比你尽力想要填满的鞋盒重得多。

---

① 最小单元的积木由底层和上层实木组成，中间有"空气"。中间一层由边缘的两根木条组成，因此该积木体积很大，但没有形成实心体。

但问题是，鞋盒很快就会磨损，而这些积木仍能保持原样。大型积木不仅重量合适，具有几何形状，而且表面都很平整，其 1∶2∶4 的尺寸比例十分恰当，手工可操作性强，重要的是它很耐用。以上种种原因使其成为理想的搭建材料。

当孩子们使用大型积木来搭建时，他们所有的身体机能都可以参与进来，尤其是他们的肌肉可以得到锻炼。而当他们用塑料制成的小块或大块建材时，肌肉及相关组织则会被闲置。给孩子们提供大型的有时甚至是粗糙的搭建材料，不仅从精神运动学角度看是

合理的，人们还可以观察到：当孩子们来回搬运东西，把它们堆叠在一起，不断改变造型并且在短时间内取得明显的效果时，他们对此会十分满意，而且他们的注意力会长时间集中。

最后，大型积木也非常有利于使搭建游戏焕发出丰富的想象力，也就是把建筑游戏和角色扮演游戏相结合，这不同于语言层面的游戏。孩子们爬行甚至走路进入房间，用这种方式亲身加以体验。这完全不同于在微缩模型前告诉对方："现在，这是一间屋子。"

反对轻质塑料材料的另一个原因是它缺乏承重能力。因为塑料材料重量小，无法稳定在一个地点上，因此会很不稳定，而且只能单面使用。

积木凳①、木板材料、盒子或者大型的木板②能够唤起儿童的所有官能。他们使用这些材料进行搭建，通过在上面保持平衡来测试其稳定性；或者搭建障碍物似的建筑结构，通过这些来测试身体灵活性。孩子们经常对这些活动作出评论，有时还会编出各种各样的故事。当建筑能保留下来时，故事的意义也会发生改变。如果有合适的材料，孩子们就会把搭建与活动和角色扮演结合起来。

仿真玩具和材料分类

大多数孩子进行搭建时，都是在竭尽各种可能搭建一个住处、庇护所或者一条路。因此他们需要许多"仿真玩具"，如动物、人物或者车辆，但也只是这些。其他预先制作好的每个部分如受欢迎的农场、车库或者城堡都是多余的，它们会妨碍想象力、否定创新精神，并使儿童难以沉浸在他们的活动中。

储藏小零件需要小盒子，它们既可以用作搭建材料，也可以用来装东西。你也可以使用篮子，不过它们的效果可能没有使用盒子搭建的储藏盒好。为了尽

---

① 积木凳由马蒂亚斯·巴克开发研制。它是由两个外边（24厘米×24厘米）、上边（24厘米×36厘米）和中间边作为支撑板和连接板组成的凳子，由15毫米厚的桦木复合板（在俗语中称为胶合板）搭建而成，表面打蜡。由于其造型简单，因而符合所有儿童适用材料的标准。它可以灵活使用、转换以及独立操控。

② 例如，你可以从木匠那里要到胶合板的废弃段。

可能地创造一个没有问题的事先准备好的环境，应该有一个利于整理的简单的分类系统。尤其是在搭建室中，你应该特别关注如何分类和存储相应的材料。分类带人走进数学。

小部件材料可以放置在平台下的箱子里或者架子上。放置在房间里的矮柜可以用来储藏材料，同时也可以用作房间的隔断。除了架子和矮柜可以用来分隔游戏区域和其他区域之外，长凳使房间里的空间形成渗透性边界，如衣帽间的长凳或者被锯掉腿的低矮狭长的桌子。孩子们可以同时以小组形式玩耍，或者参与到任何一个小组的活动中，用放置好的木板搭建出倾斜的平面，他们能够观察别人的活动或休息。

还有什么可以补充?

还有人表示，可以在搭建室中配置几面小镜子或者一面大镜子作为进一步的点缀。无论如何，都要在墙上挂上大尺寸的建筑作品展示照片或者挂历，孩子们可以直接在上面看到附近著名的建筑物的照片。

当然，孩子们的建筑作品一定要拍下来，并且以最大的尺寸把它打印出来挂在墙上，也应该及时更换最新的作品。

孩子们的整个搭建过程的记录和最终的建筑成品一样重要。用一幅平面图——最好是日托中心的平面图，也可以出自建筑事务所——来装饰搭建室的墙面，这可以激励孩子们。一些关于建筑的书籍 ①——

① Reichold, K./von Bechtermünz, B.: Bauwerke, die Geschichte schrieben. dtv, München 2002; Partsch, S.: Wie die Häuser in den Himmel wuchsen. Die Geschichte des Bauens. dtv, München 2002.

也可以是关于数学的书籍[1]——能够对孩子们起到激励作用，或者将其作为一个项目的资料来源。

大型积木堆放在靠墙一侧的地面上，中等大小的积木则存放在储物箱中。矮柜在搭建室中有些多余，除非人们想通过关闭柜门限制幼儿使用材料，特别是在2~6岁的混龄小组中很有必要。

孩子们非常喜欢玩大型积木，但很奇怪的是几乎没人给他们提供。我想，这可能是由于在公共活动空间内没有太多区域来摆放一些临时准备的搭建材料，如纸会很快变成垃圾。而大型的木质搭建材料也不太出名。或者如你所知，所有的资金都已经投入到了系统性的搭建材料上。除此之外，小巧、轻便且色彩丰富的材料仍然是最适合儿童的。最重要的一点是，人们有时会担心较大和较沉的搭建材料有让孩子们受伤的危险。又或者，由于需要大量的搭建材料，容易产生较大的噪声。

声音、光线、颜色和材料特性

搭建材料越大、越重，在搭建室中产生噪声的风险就越大。然而，这并不是放弃这些材料的理由，每一个供孩子们使用的房间都应该安装隔音吊顶。

搭建室应该采用短绒地毯或者软木地板，低矮的平台必须保证不产生回声。[2]

我认为窗帘是完全符合搭建室效果需求的，但只有当窗帘使用特定的布料时，才能发挥其吸收声音的作用。

除了那些能够客观感知到的也就是可以测量出的噪声毫无疑问应被适当处理外，还有一些软性的主观感受性的因素也影响着声音氛围，包括颜色和光线。在"汉堡空间布置方案"的框架中，我们积累了很多关于土色墙面的经验，如使用黏土或者赤土的颜色，

---

① Peter-Koop，A./Grüßing，M.：Mit Kindern Mathematik erleben. Lernbuch Verlag bei Friedrich，Velber 2007.

② 平台不能因外部的冲击而令自身产生振动，最好是通过填充空心物体来实现这点。此外，平台不能有声波传到其他建筑体如地板和墙壁中。

因为它们会使人产生温暖的感觉，并且容易让人与建筑的理念联系到一起。

如果有可能的话，光线应该从四周而不是顶上照过来，这样才不会破坏建筑的立体感。如果光线从四周照过来，物体的立体性就能得到全面的展现。在新建和改建时，一定要考虑到这一点。

■ 由于许多日托中心的房间都装有吊顶照明系统，通常来说再额外装上壁灯会很困难，因此需要其他的灯具作为补充。此时最吸引人的选择就是光立方了，孩子们还可以把它融入自己搭建的作品中。

■ 把书籍固定在木框中，用辐射灯来展示书籍，能达到一举两得的效果：人们可以用其从侧面照亮房间的一部分，并且在合适的灯光下展示有关建筑或数学的书籍。

建筑和数学的结合

儿童对于数学有着原始的兴趣，这体现在他们对建筑和设计的兴趣上。通过搭建，孩子们不断地体验空间和容量、数量和形状、面积、大小以及空间关系。他们具有节奏感，并能感受模型的长度、高度和深度。

这也就是说，在学会数数和计算之前，孩子们就会搭建了，他们会玩。但是，应该明确指出的是：孩子们玩的并不是算术，因此他们也不需要在一个"数字王国"遨游，去具体地体验抽象的数学。数字不应该有任何生命属性，这样孩子们才会对其产生兴趣。尽管《数字王国》一书作者的初衷很好[1]，但他们倡导的数字之路、数字房间以及数字精灵等从教学上来

---

① Friedrich，G./Galgòzy，V. de：Komm mit ins Zahlenland. Eine spielerische Entdeckungsreise in die Welt der Mathematik. Urania，Freiburg 2008.

看都是误解：不需要使用手段让数学对幼儿具有吸引力。最新的脑部研究表明，不能在"全面支持"的口号下过度使用旧式教学原则，即以唱歌或者跳舞的模式画一朵花或者写一个数字。

曾有研究表明，儿童把自己实际所处的环境置于数学—自然科学关系中。在搭建时，他们不断地进行逻辑运算，如组合（聚合）或分析（拆解）。他们进行比较，得出结论，并将物体与物体联系起来。如果让孩子们自己动手，他们会不断搭建出要求越来越高的建筑。

在日托中心的日常生活中，处处都可以发现数学的踪迹。首先从整理开始，更确切地说，从分类开始。要想分类，人们需要先分级。也就是说，你需要先找出诸如小汽车、螺丝或者线圈等物品的某些共同特点，从而将它们分类在某一范畴下。

除此之外，儿童会定期探索，将物品按照不同的特性进行分类，比如按照大小、颜色或者形状。美国教育学家南希·霍尼施（Nancy Hoenisch）和她的学前班的孩子们一起热衷于钻研这个宽广的材料分类领域。①

除了分类，匹配也是日托中心常见的日常任务：把刀子和叉子、杯子和茶托或者盖子和罐子匹配到一起。还有，在物体数量与数词对应时，你还可以从南希·霍尼施那里获得启发，在日托中心中发现许多可以利用的情况以及一些不必要的重复计数策略，例如，可以在分发糖果时避免使用这些策略。

因此，对于孩子们的数学教育（无论是男孩还是女孩），老师能够从根本上做的是给他们提供广泛的机会，让他们可以在室内或者室外进行搭建和设计。与学校的时间表相比，日常的机会对幼儿园教学质量十分重要，这一点在神经生物学的研究结果中得到了深刻的证明。

美国神经生物学家莉丝·埃利奥特（Lise Eliot）

---

① Hoenisch, N./Niggemeyer, E.: Mathe-Kings und Mathe-Queens. Junge Kinder fassen Mathematik an. verlag das netz, Weimar/Berlin 2007.

以运动发展为例说明，幼儿要将某种能力提高到和成人一样，需要通过勤奋练习。埃利奥特强调，幼儿与成人之间的唯一区别就是其只有在大脑准备就绪时才能习得某些特定的技能。"练习是至关重要的，前提是它要在合适的时间进行。"[1]换句话说，幼儿们不仅要得到练习的机会，而且要能够自主选择练习时间、持续长短和难易程度，这只能说明机会每天都有。只有这样，才能使幼儿们满足两点：既能够练习，又能够在准备就绪时练习。

所以，对于幼儿来说，最好的"练习计划"恰恰不在成人计划好的练习时间里，这听起来要比实际情况更乏味。因为尽管在神经生物学上有种种理由支持日托中心的实践，即老师们每天通过准备房间、安排时间和材料为孩子们提供练习机会，但对于许多人来说，只有在固定的练习时间或者特定的项目中才能促进学习。新的早期数学发展规划[2]是基于旧的好为人师的态度，即学习是对孩子的教导。因为游戏是孩子们自己进行的活动，在许多人眼里，它是与学习相反的事情。

并不是只有我们如此看重搭建室并将它作为发展数学能力的地方，福禄培尔教育学的支持者也这么认为。他们曾在德意志民主共和国时期参与过建设，并且没有将这些经验搁置一边。[3]还有瑞士的学校改革家及汉堡老师培训学院的前员工尤尔根·雷辛（Jürgen Reichen）[4]，他要求在每间教室都设置一个建构角。"建构角不仅用于游戏和社会教育，它也绝对是语言和数学教学的一部分。"[5]

当然，儿童技能的进一步发展也需要成年人的指导。但不是以传统的授课或者指导的形式即在幼儿园中模仿课堂，也不是通过一种善意的苛求[6]，而是更间接地执行，只有在成年人初步意识到孩子们在从事自我活动后才能进行。通过观察，老师会得到一些线索，比如，如何支持孩子、可以购买哪些材料、应该如何改造房间，当然还有哪些规则是必要的。非常重要的是，只有通过观察，孩子们自己的活动，才会明白儿童一直在不断地学习。

[1] Eliot，L.：Was geht da drinnen vor? Berlin Verlag，Berlin 2001，S. 394.

[2] Siehe auch：Beek，A. von der：»In Mathe war ich immer schlecht…«，Teil 1 in Betrifft KINDER 5/07，Teil 2 in Betrifft KINDER 6/07.

[3] Thier-Schröter，L./Diedrich，R.：Kinder wollen bauen. Don Bosco，München 1995.

[4] Reichen，J.：Das Geheimnis der Bauecke. In Flehmig，I. (Hrsg.)：Kindheit heute. Verlag Modernes Lernen，Dortmund 2002. 尤尔根·雷辛因发明"字母表"和"通过书写学习阅读"的方法而知名。

[5] 出处同上，S. 223。

[6] Siehe dazu die kritische Auseinandersetzung Angelika von der Beeks und Gerd Schäfers mit dem von Gerlinde Lill，Beate Andres und Hajo Laewen vertretenen Begriff des Zumutens. In：Betrifft KINDER，12/06.

幼儿园数学教育历史概述

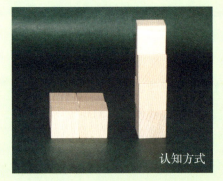
认知方式

生活方式——两把椅子

审美方式

近200年以来，幼儿园通过福禄培尔游戏进行数学教学。最晚从让·皮亚杰在1940年后出版的作品开始，人们就已经科学地认识到，幼儿具备数学思维。从儿童出生后一年半时间里的感知运动发展阶段开始，皮亚杰推导出了儿童对于数字、物理量、时间的概念以及儿童几何学。[①]

尽管存在着这样的铺垫，但在德国幼儿园中，人们仍普遍认为，无论是读、写还是算术，这都是学校里的学习内容。一方面，这可以解释为，在第二次世界大战之前，福禄培尔的教学理念并没有成为儿童保教机构工作的基础，而是作为一种教学改革的特例存在。1945年后，福禄培尔的教具传播得非常广泛，而与这些教具相关的认知方式、生活方式及审美方式的理念则未能较好传播。

另一方面，国家也有相应的规定。例如，1930年的普鲁士幼儿园指南中就明确指出："在幼儿园里，不能提前设置涉及小学的学习任务。"[②]皮亚杰的理论等科学知识对早期教育实践的影响是非常缓慢的。

---

① Piaget，J./Szeminska，A.：Die Entwicklung des Zahlbegriffes beim Kinde. Gesammelte Werke，Bd. 3. Klett Verlag，Stuttgart 1975.
② Konrad，F. M.：Kindheit ist zum Lernen da. In：Welt des Kindes，Heft 5/2002，S. 10.

福禄培尔认为，儿童的智力发展可以通过早期学习数学基本模式得到有效促进，孩子们也可以通过这种方式为今后的学校学习生涯作好准备。福禄培尔游戏主要以游戏中的数学结构以及成年人的共同参与为基础。在福禄培尔游戏中，成年人的参与是必不可少的。福禄培尔认为，成年人对从游戏中发展出数学原理具有必要性。

因为游戏内容是一个整体，是与游戏和活动方式相关的系统，即"在一个分解—组合的构造环境中"[1]。福禄培尔区分出了以下四个组别：

• 第一是立体形状的物品，包括空心球、实心球、骰子和滚轮。

• 第二是平面材料，即由木头和纸制成的小面板，它们能够折叠和剪裁。

• 第三是线性玩具，如小木棍、纸带、纸绳、圆环和金属制成的半圆环。

• 第四，"点状材料提供了从立体到平面、经过线再到点的分析过程。"[2]点状游戏方式包括刺穿和挖剪，点状材料包括珠子和豌豆。

挖剪过程中出现的点可以用针和线在绘画板上连接起来，线上的珠子展示出从点到线的过渡。如果孩子们把泡软的豌豆用牙签穿在一起，它们就会由点形成线或者一个平面，这样就产生了美丽的结构。

由黏土模型得出了教学结论：福禄培尔的接任者们用橡皮泥塑像或者用黏土制作模型。有了这种材料，孩子们就可以自己在日常生活中制作一个球或者一个物体了。

这些例子可以解释福禄培尔教具的另一个基本出发点：数学的尤其是几何形状的认知形式并不是它们本身构成的原因，而是与福禄培尔所说的"生命形式和美的形式"有着不可分割的联系。因为它们使儿童通过自己的智力或认知能力形成对对称性和形状多样性的一种感觉，也就是审美能力。而且，游戏需要有与儿童能力相符的形式。福禄培尔教育学的出发点是儿童能够做什么，这也就是从改革教育学到教育方法[3]都参考它的原因。

[1] Rockenstein，M.：Kindergarten. Bad Blankenburg 2004，S. 34.
[2] Rockenstein，M.：Kindergarten. Bad Blankenburg 2004，S. 47.
[3] Schäfer，G. E. (Hrsg.)：Bildung beginnt mit der Geburt. Cornelsen Scriptor，Berlin 2007.

对于数学作为模式构建科学的简要介绍

教育理念不是一种具体的方法，而是一种教育学的思维和行为模式、一种指导行为的主张，它描述了实现这种主张的思维方式和行为方式。它既不是独一无二的，也不是新的，而是一种教学传统的传承和再现。

早教理念基于对儿童教育过程的整合观：感知能力、艺术创作与加工以及逻辑思维并不是需要分开促进的彼此互不相关的能力，从根本上来讲，这些能力在教育过程中是相辅相成的。

教育理念的思想体系与所有想要以明确的结构化教育方式和学习方式来让孩子获得某些能力的方法相反。作为一种认识世界的方式，教育时刻都在发生。因此，教育过程不仅包括有意设计的学习情境，而且包括日常生活中体验空间的结构化以及对机会的把握。

教育理念应该被视为一种基本观念，其首要目的不是让孩子们掌握大人为他们制订的计划，而是为他们开辟自由发挥的空间。

在儿童的形象方面，教育理念与福禄培尔教育学的区别更在于成年人赋予儿童的角色。因为福禄培尔不仅强调了老师和儿童之间的情感教育对儿童心理发展的重要性，而且非常准确地描述了成年人应该做些什么以及做事情的次序，以启发儿童的感知和观察能力。严肃地说，虽然福禄培尔对儿童的印象是积极的，但在其教学建议中却并不真正信任孩子们。

这一点在教育理念中正好相反：老师不应该借由小步伐的教学理论教育孩子，而是要让他们尽可能发挥自己的潜能。可采取以下这些做法：敏锐的观察，提前准备好空间、材料，安排好时间以及展开对话等。

福禄培尔的天赋观念在当代早期数学教育理念中得到了进一步发展。

许斯威特的"创造数学"

许斯威特（Kerensa Lee Hülswitt）是一名概念设计师，受到弗莱纳特（Freinet）教育学的启发，她与安东·施特罗贝尔（Anton Strobel）合作开发了数学教学法。勒波赫克（Le Bohec）坚信一种特殊的接近数学的方法，即"自由的数学表达"。勒波赫克作为

弗莱纳特的追随者，认为数学是一种"自然的学习方法"①。在勒波赫克看来，这种学习方法的特征最适合用皮亚杰的理论来描述：理解就是重新发现。

对于"自然的学习方法"来说，重要的是老师不仅要尊重孩子个人的学习方法，而且要重视小组学习。在小组中，孩子们相互之间学习到的往往比自己学习到的更多。老师的任务主要是为孩子们准备好合适的学习材料，并且创造一种支持性的学习氛围。

在许斯威特倡导的理念中，材料成为思维的工具。② 这个理念的中心思想是必须要有"大量的相同材料"，如 500 个骰子——能有 1000 个更好，因为各

元素的等值线体现了数字体系的一致性。"通过同一类别的元素，几何和算术间建立了直接联系。"③

通过大量的材料，儿童首先建立了一种身体上的感知，他们在材料中间展开活动并进行感知。除此之外，大量的材料能够引发孩子们的兴趣，他们和材料之间能够建立一种生动的联系。由于材料具有一定的种类即具有相同的元素，如上千个木头骰子或者小木板④，不仅激发了自主活动，而且激发了孩子们获得数学知识的能力。这也使孩子们能够在"独自获得"知识方面得到发展。

"庞大的数量体现了'多'这一概念是一片无限的延续，这也是数字魅力的一部分。因此，学龄前儿童在看到大量数目的物品时，经常以'百万'或者'十亿'又或者'很多很多'来估量。然而相比之下，在一年级时孩子们满足于 20 个或者最多 100 个的数量，这是多么无聊且无意义。巨大的数目唤起了孩子们的激情，其吸引力在于占有、寻找秩序、分类、掌握、塑造新的形式以及发挥想象力。另外，值得注意的是，即使在学龄前，孩子们也会努力寻找完美的形

① Le Bohec，P.：Verstehen heißt Wiedererfinden. Pädagogik Kooperative Bremen，Bremen 1997.

② Lee，K.：Kinder erfinden Mathematik，verlag das netz，Betrifft KINDER extra 2010.

③ Hülswitt，K. L.：Material als Denkwerkzeug. Kinder begreifen Mathematik durch Zählen，Ordnen und Strukturieren. In：TPS，Heft 10/2003.

④ 材料可以在 www.kameleon.de 上获得。

状，如规则的三角形、四边形和棱锥。"①

如果用"大量的相同材料"陪伴着孩子们开展活动，你就会意识到孩子们经历着不同阶段：由最开始的在大量的材料中尽情享受操作的满足——例如，分割和组装这些材料，到开始搭建和分类。在这个过程中，他们还经常会搭出特殊的模型。在观察立方体时，孩子们会逐渐开始自己动手搭建模型，搭出的这些模型算得上有规律性的美丽的几何图形了。

通常情况下，孩子们会将自己的活动与材料相互协调，并且观察材料各部分的性质。他们进行创造、重复，并不断细化自己的作品。此外，小组中的其他孩子也扮演了很重要的角色，许斯威特谈到的"观点迁移"发生在孩子们拥有足够时间且互相"看到"对方时。在某些情况下，他们必须听取大人的相应意见、得到大人的支持。通过采购和准备材料、敏锐的观察和聆听、谨慎的询问以及偶尔的提示，老师会对孩子们的数学教育过程起到促进作用。

卡普乐积木（Kapla-Steine）②的特殊性在于所有积木都是相同的且数目巨大，这在我看来是非常好的机会。毫无疑问，可以将搭建和数学以不受约束的形式与方法结合起来。这些积木作为一种不断重复的元素，可以无止境地搭建出许多结构，能够使几何、

---

① Hülswitt，K.L.：Material als Denkwerkzeug. Kinder begreifen Mathematik durch Zählen, Ordnen und Strukturieren. In：TPS, Heft 10/2003. S.159-160.

② "卡普乐"是由荷兰语"Kabouter Plankjes"演变成的，意思是矮木块。卡普乐积木有着相同的尺寸，由石松制成，最小的包装规格包含 200 个木块。然而，木块要多于 1000 个才是有用的。

物理、数学、科技和设计这些方面融为一体。

20 多年前，艺术史学家汤姆·范德布鲁根（Tom van der Bruggen）发明了这种积木。由于其协调的比例，范德布鲁根称其为"魔法木块"。这个"三维的木质模型"由奇数 1、3 和 5 组成，3 个平铺在一起的木块形成宽度，5 个木块一起对应一个元素的长度。由于在这期间范德布鲁根生活在法国，因此

卡普乐积木首先在法国的幼儿园和学校中流行起来。

事实上，这些数目巨大的材料激励着孩子们赶快行动。年龄稍大一些的学前班孩子以及小学生们处理的材料种类更多，也更有耐心——很可能是因为处理细木条需要一定的技巧，但最重要的是要有耐心。孩子们用其搭建出了高高的建筑，也可以搭建出具有一定规模的建筑，形成有规律的几何图形，留下他们的名字或者建筑模型，数清数目并布置建筑物和景观，然后他们在这其中开始角色扮演游戏。

如果成年人保持不动，让材料"说话"，孩子们会充分挖掘材料中的所有可能性以及他们自身的数学潜力。这因发展阶段而异，当然也存在个体差异。孩子们所需要的基本条件是：让"创意"能够"游走"的其他孩子、足够的场地与材料、安静的环境和对此充满兴趣的老师。

南希·霍尼施的早期数学教学法

在幼儿园早期数学教育中"使用大量的相同材料"这一理念，受到弗莱纳特教育学的启发。与此同时，南希·霍尼施[①]在美国的学前教育中发展了一套数学教学法，其近年来因《数学国王与数学王后》[②]一书在德国的推广而为人所知。

正如"使用大量的相同材料"的理念那样，材料在南希·霍尼施的理念中也扮演着重要的角色。她经常和孩子们一起收藏各种东西：塑料动物玩具、钥匙、弹珠、螺丝钉、螺母、纽扣或者孩子们特别喜欢的骨头玩具。这些东西可以从手工商店或者附近的杂货店中找到，家长也可以提供一些。

孩子们可以对这些材料进行分类，而在每天整理时都需要分类，因此老师要给孩子们提供种类足够多的、不同的以及尽可能一目了然的储存空间。

对于整理和分类，南希·霍尼施提出了许多建议和活动方案。例如，从建材市场买来用于分类的盒子，或者借助高射投影仪对透明的物品进行分类。

与收集、整理和分类密切相关的是制作模式，如

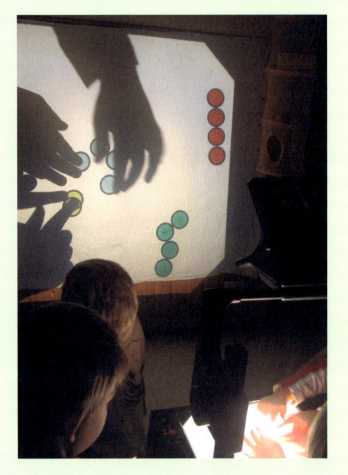

将装螺丝钉和螺母的分类盒改造成"模式盒子"：螺丝钉—螺母—螺丝钉—螺母……

[①] 20 世纪 60 年代末，南希·霍尼施在德国因和伊丽莎白·尼格迈尔（Elisabeth Niggemeyer）和尤尔根·齐默（Jürgen Zimmer）共同出版的摄影集《学龄前儿童》而知名。

[②] Hoenisch, N./Niggemeyer, E.: Mathe-Kings und Mathe-Queens. Junge Kinder fassen Mathematik an. verlag das netz, Weimar/Berlin 2007.

此外，老师还可以通过以下方式支持孩子们：和他们一起发现哪里有模式，然后要求孩子们将模式描述出来或者画出来，并延续自己发现的模式。还可以向孩子们介绍如何用其他形式生成模式，例如，拍手或跳舞。

南希·霍尼施将数字引入到日常流程当中：她把数字贴到台阶上，或者把数字 2 放在一盘饼干旁边，这样每个孩子只能从中拿走两块饼干。她还提出一些特殊的建议：让孩子们拍皮球，从 0 数到 4 或者反过来从 4 数到 0。她建议孩子们通过童谣或故事从 0 数到 12，家长在家里和孩子一起玩简单的棋盘游戏、骰子游戏或者纸牌游戏。

南希·霍尼施发明了一些游戏，让孩子们研究数字数量和关于"多"与"少"的主题。她为孩子们提供了许多容器，这里面既有各种大小的罐子，也有开口式容器。

为了学会使用容器，孩子们需要有诸如在水槽中玩水的体验。在公共活动区域或者多功能房间中，一个深的沙盘——当然不是那种很硬的沙盘——和一些松散的沙子使孩子们能够接触到体积的概念，也提供了研究其他许多物理现象的机会。沙子可以换成大米或豆子，这些对孩子们来说也很有吸引力。这些材料可以用于角色扮演，其与幼儿园日常生活的联系显而易见。为了让孩子们能够进行测量、称重和比较，一台结实的秤是每个幼儿园都该配备的基础设备。

南希·霍尼施从儿童与空间的关系出发，分析了几何形状。她与孩子们一起尝试说各种身体位置和其相应的名称，如"在……上""在……下""在……旁边"，或者与孩子们一起尝试体验一些几何形状，如圆形。在这里，和"使用大量的相同材料"有着重要区别的地方就显而易见了：许斯威特所代表的理念以材料的形式包含着算术与几何的联系，也就是数与形的关系；而在南希·霍尼施眼中，几何与其他数学基础概念相互补充。我发现，《数学国王与数学王后》这本书中的理念涵盖了日托中心日常生活中的许多方面，内容十分丰富，将这些理念与几何和算术相结合的数学创意联系起来很有意义。有趣的是，在两种教育方法中，"大量的相同材料"都扮演着重要的角色。当然，南希·霍尼施的理论中缺少几何材料尤其是立方体，而许斯威特认为大量可用的材料是需要事先准备好的。这样看来，这两种教育方法可以互相补充。

关于数学中模式生成的一些想法

许斯威特和南希·霍尼施的教学法的共同之处在于，他们都赋予了模式重要意义。

许斯威特将这种能力与我们天生对对称性的偏好联系了起来。对于幼儿学习过程来说，对称性既是一个数学概念，又是一个设计概念，具有核心意义。这意味着数学可以提升幼儿设计兴趣，反之，设计也有利于幼儿模式识别能力的发展。

对称性涉及反射、折叠、旋转或翻转、位移或平移。"反射具有对称性，反射图案的左半部分和右半部分相对应，就像人体一样。旋转具有对称性，在旋转过程中，相同的单位围绕着一个圆圈重复，就像花瓣一样。平移也具有对称性，在平移时，图案就像瓷砖的规则排列一样进行重复。六边形'瓷砖'状的蜂窝就是自然界一个杰出的例子。"[1]

英国数学教授、科学记者伊安·斯图尔特（Ian Stuart）所著的《自然界的数字》这本精彩的书以一

---

① Stewart, I.: Die Zahlen der Natur. Spektrum Akademischer Verlag, Heidelberg/Berlin 2001, S. 95.

句话作为开篇："我们生活在一个充满模式的宇宙之中。"[1] 斯图尔特接着还说："人类的思维和人类文化已经发展出一套形式化的思维体系，能够认识、分类和利用模式。我们称这个系统为数学。"

作者以德国数学家和天文学家约翰尼斯·开普勒（Johannes Kepler）为例，他在 400 年前研究了雪花的形状，通过观察和思考，他得出结论：雪花的六重对称性是均匀凝结的自然结果。这可以理解成人们尝试将大量相同的硬币尽可能集中地放在一张桌子上，然后就会得到"一个类似蜂窝的团，其中每个硬币——除了那些在边缘的硬币——都被其他六个硬币围绕，即一个规则的六边形。如果数学家给出雪花是六边形的证明，就可以从中推导出冰晶原子的几何形状"[2]。因此，数学就是要发现现象背后的规则或规律。

通过两方面认识可以与数学轻松地打交道：一方面，通过认识到即使是非常小的孩子也具备识别模式的能力；另一方面，通过对我们大脑的深入了解，大脑是通过识别模式来进行学习的。因此，认为幼儿在学习过程中表现出来的是一种"前数学能力"的观点是错误的。这种观点认为，年幼儿童所具备的并不是年长儿童所具备的真正的数学能力，而是一种萌发状态的、准备状态的"前数学能力"。

但是，如果人们更准确地研究一下所谓"前能力"，会发现并没有增加什么新的能力——至少对绝大多数人来说是这样的——而是对这些能力进行了细化，顶多就是使能力变成"自动掌握"。因为"前能力"处理的是具体的行为，与后续处理数学符号的能力没有高低之分。

然而，确实存在一条发展路径。儿童首先在具体行动中发展出分类能力，然后是认识逻辑，最后是数量、空间和时间导向的理论思维的发展。发展的时间顺序并不是说幼儿阶段的数学能力是一种"前能力"，而是指出即使是幼儿也有惊人的能力，借助其身体和所有的感官进行具体的思考——正如舍费尔所说的那样。如果按照这一论断，就能清楚孩子们在日托中心以及学校里需要的是与以往的"传授"方法完全不同的东西，先前的教学法就是传授给孩子他们还不能够做到或者不知道的事。既然孩子们都能够利用他们在幼儿园生活中所学到的关于模式、数量、时间和空间的一切，那么就能很明显地直接看出：他们的机会越多，就越能更好地为理论思维作准备。

① Stewart, I.: Die Zahlen der Natur. Spektrum Akademischer Verlag, Heidelberg/Berlin 2001, S. 11.
② 同上，S. 12-13。

老师的角色

如果在功能室实施开放式教育，孩子就能安静地进行搭建。此外，这也使老师能够专注于搭建区。这就满足了一个重要前提，即老师不仅要研究建构，还要研究数学。这只有在专注于一个主题时才能做到，带着好奇心接触并且深入地研究常常被认为是很难的数学。

材料在建构和数学中起着决定性作用。正如从清单①上看到的那样，每所日托中心都有合适的材料，例如磨圆的宝石就适合铺设图案。工作环境中的东西——折尺、直尺和卷尺——可能只需要放在孩子们触手可及的地方；家中的收藏品——金属瓶盖、钥匙或螺丝钉和螺母，也包括纽扣等物品——都可以在孩子和家长的帮助下存放；"大量的相同材料"——冰淇淋甜筒、冰淇淋勺或者晒衣夹——尤其有价值。

在自然材料的收藏中，庞大数量的吸引力也是显而易见的。栗子、橡子、树叶、石头或者树皮越多，越有利于儿童具体思维的发展。因为他们喜欢这些东西，也因为他们由此获得物理和数学经验。因此，孩子们应该有大量的豆子或者扁豆，至少要有满满一碗，还要有量杯和秤。

---

① Stewart，I.：Die Zahlen der Natur. Spektrum Akademischer Verlag，Heidelberg/Berlin 2001，S. 111.

浇过水的豌豆和牙签可以制作出几何形状和特别大的物体。如果给豌豆浇水对你来说太费力，你可以建议孩子们用黏土自己制作颗粒。自带钉子和橡皮筋的小木板十分物美价廉，孩子们可以用它来创造图案。

孩子们可以用来搭建和研究数学的材料清单很长（见本书第 101 页），而且基本是不花钱或者花钱很少的材料。再加上现有的木质搭建材料，搭建区现在已经装备得很好了，尤其适用于两组或三组孩子共同堆叠积木。所以，不需要因为紧张的财务情况而阻碍在搭建区中设置一个数学陈列室。但是，从长远来看，人们不应该满足于不使用财政手段来支持孩子们的活动，特别是木砖或砖凳等大且重的材料不能长期用鞋盒代替。与购买的木砖相比，鞋盒不仅容易损坏而不得不一次次更换新的，而且它们通常有着非常大的差别。只有通过积木寻找几何体的精确性，比较尺寸，儿童的搭建活动才能自然地转向数学或几何研究。这也适用于结构完美的立方体，因此，为了不剥夺孩子们的"数学创造"机会，一定要购买立方体。

除了材料的性质和数量外，材料的呈现形式和方法也起着重要作用。在这里，我还看到了老师帮助孩子的许多可能性：不需要给出直接的建议，而需要保证材料安全、可取用、有序存放以及有吸引力。

这听起来容易，做起来就难了。这需要老师有耐心，因为你总是要整理。我坚决主张老师要对准备好的环境负责，从而也要对材料的秩序负责；我确信，和孩子们一起整理——并且有时候为他们整理——对教学有积极作用。

整理前的准备工作是最重要的，老师要考虑哪些东西要整理、怎样保存、在哪里存放。根据我的经验，往往会缺少合适的容器和存放空间，这也说明了教师专业化的重要性。因为如果要找到一种大家都能应对的秩序，总是要经过一个漫长的分类和清理的过程，这是整理问题的关键所在。材料越有序，材料储存系统就越好用，整理中出现的问题就越少。

如果老师成功实施了这一点，总会产生一个显著的效果：房间看起来非常有吸引力。

因此，老师要通过采购和提供材料、敏锐的观察倾听、谨慎的提问和偶尔的提示来促进数学教育过程。如果记录了孩子们的工作，那么家长也能参与其中。他们可以从照片或录像中看到自己的孩子能做到什么，让自己相信：孩子们不仅有数学知识，还能够发挥想象力去运用这些知识，让思路漫游，并且独立地去发现。

有许多机会可以开展项目。在韦瑟林的"雷根伯

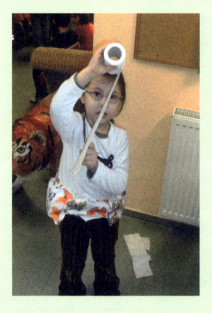

根"日托中心，一位老师和孩子们到小镇上一起去寻找数字。当孩子们聚精会神地研究数学时，一个小女孩向老师展示卫生纸筒看起来像数字"0"的样子。她拉着卫生纸说："这是6，如果我把纸筒倒过来，就是9。"

玛利亚·佛斯特结合列奥纳多·达·芬奇的比例绘画，介绍了一个令人振奋的项目工作实例：从一个男孩就达·芬奇的著名画作向自己提问——"一个人适合在一个圆圈里吗？"——出发，孩子们找到了令他们满意的答案。[1]他们需要做的是专注思考，相互交流：用盘子作为肚子，用栗子作为肚脐，设计出第一个模式；在老师的鼓励下进行绘画，按照老师的引导折叠出第二个模式；尝试着使用图钉、线、笔和包装纸，看看会发生什么。

---

[1] Förster，M.：»Stimmt das echt，dass ein Mensch in einen Kreis passt?« In：Die Kindergartenzeitschrift，Heft 4/2006.

材料清单

• 来自日托中心：磨圆的石子、棋子、弹珠、汽车、木质和塑胶动物、珠子、用来牵拉的绳子和布——最好是单色的。

• 来自工作环境：折尺、计算器、便签本、铅笔、直尺、纸质卷尺、安全帽、隔离带、纸——尤其是纸盒纸。

• 从家里带来的收藏品：螺母、螺丝钉、纽扣、罐子、盒子、钥匙、线团、金属瓶盖、啤酒杯垫、冰棍棍、冰淇淋甜筒、地毯块。

• 免费提供的材料：木屑、鞋盒和其他盒子、长短不一的结实的纸板卷、废弃的壁纸和布料样品册。

• 大量相同材料的集合：冰淇淋勺、酸奶杯、晒衣夹。

• 来自自然：栗子、石头、贝壳、树皮、松果、坚果。

• 用于测量和称重：量杯、秤。

• 为几何形体准备的：浇过水的豌豆或用黏土自制的橡皮泥、牙签、带钉子和橡皮筋的木板。

• 必须购买的材料：木板、福禄培尔积木、卡普乐积木、带点数和不带点数的骰子、木砖、砖凳。

• 来自建材市场的材料：大型搭建材料价格低廉，可以用方木制作，如胶合板或云杉木。为了获得耐用的大型搭建材料，将胶合板锯成木段。虽然价格略贵，

但这些木段必须像云杉木一样进行加工，即必须打磨或抛光。由此，你可以和孩子们一起开展一个精彩的项目，或者和孩子及家长一起行动。这些木段也可以是条状的，锯成卡普乐积木的大小，既可以是一样长度的，也可以是长度不同的——根据使用目的而定。

• 用于储存：盒子、箱子、架子和许多小篮子，以及用于收集纽扣、钥匙、冰淇淋勺或螺丝钉的容器。

• 用于储存和分类：从跳蚤市场买来的旧育苗盒、从建材市场买来的螺丝钉分类箱。

• 用于搭建房中屋：楼梯平台、矮桌或锯掉腿的桌子。

• 插图材料：以"搭建"为主题的画册、有周围建筑照片和孩子们建筑作品照片的相册。

• 在墙上：镜子、著名建筑的照片或计划表、附近有趣建筑的照片、建筑事务所的平面图，最重要的是儿童建筑作品的大尺寸照片。

• 在搭建室挂上一个用来工作的大计划本或若干个小计划本。如果计划本需要撕掉，应该挂在儿童小组定期聚集的地方。

• 用于展示特殊发现物的陈列柜或者存放易坏材料（如信）的可视陈列柜。

• 最后，一个发光台和一台高射投影仪能够将图案之美与光影的魔力结合起来，从而充满吸引力。高射投影仪需要一面白墙或者一个投影幕。

角色游戏室和戏剧角

孩子总是喜欢玩角色游戏，因为他们天生具有模仿能力。从来到这个世界的第一天开始，在与照顾他们的成年人的互动中，他们就已发展出了这种模仿能力。在这个过程中，他们通过清洁身体等日常活动或上床睡觉等仪式来了解这个世界，并将他们对这个世界的认识反映到角色游戏中。

在经历了简单的角色游戏之后，孩子会发展出更为复杂的游戏方式。你将陪同孩子一起玩耍，根据孩子的兴趣，通过化装、在舞台上玩皮影戏或把厨具当作布袋木偶来扮演另一个角色。

角色游戏的依据：人类学基础

我们不能把孩子的模仿过程纯粹地看作对已经发生的事情的复制①，很小的孩子就已经会用自己的方式去模仿见到过的一切。舍费尔认为，小孩子会将

他们在周围环境中所感知到的东西内化。这不仅仅是模仿和复制，还是回忆。在这个过程中，有些事情会发生改变——有时候改变得较多，有时候改变得较少，因此这一切看起来就像是复制。但这并不是复制②，而是孩子在用自己的方式去理解这个世界。虽然他们在不断地重复，但是里面增加了他们自己的感受。

舍费尔说，模仿是理解的开始。如果观察成人与儿童的早期互动，人们就会发现，儿童会直接用身体模仿他们观察到的人的行为。他们也不需要镜子，当身边的人张大嘴的时候，他们就会张大嘴。在这样做时，儿童就会觉得自己和对方一样。

舍费尔说，通过这种相同的经历，双方就会从同一个出发点来互相看待。"然后可以通过产生的不同来评估变化、差异和偏差。从这个角度来看，模仿性

---

① 也可参见：Stern，D.：Die Lebenserfahrung des Säuglings. Klett-Cotta, Stuttgart 1992；Nelson，K.：Language in Cognitive Development. Cambridge 1996；Donald，M.：The Origins of the Modern Mind. Cambridge，London 1993。

② Schäfer，G. E.：Bilder in der frühen Kindheit. In：Schuhmacher-Chilla (Hrsg.)：Im Banne der Ungewissheit–Bilder zwischen Medien，Kunst und Menschen. ATHENA，Oberhausen 2004，S. 105-116.

学习是不通过语言进行学习的基础。因此，学习不会仅限于纯粹复制或一味接受。从另一个角度来看，模仿会让儿童获得他人视角的体验，并对该体验作一系列的内在加工和进一步互动，最终将模仿的模式内化为自己的。就这方面而言，模仿是起点，最初模仿的

模式通过主体活动和社会互动而改变，由此或多或少带来了一系列的质变。"①

在舍费尔的定义中，游戏搭建了儿童对文化模式的内在加工与外在联系之间的桥梁。在游戏中，内部世界与外部世界是相关的。

---

① Schäfer，G. E.：Bilder in der frühen Kindheit. In：Schuhmacher-Chilla (Hrsg.)：Im Banne der Ungewissheit – Bilder zwischen Medien，Kunst und Menschen. ATHENA，Oberhausen 2004，S. 106.

舍费尔还进一步指出，从理解的角度来看，理解性模仿不仅在游戏中，而且在语言中构建了新的起点。必须把语言符号的形成看作一个社会化的过程，在这个过程中，每个个体对符号意义的形成也有重要影响。"因此，交流和符号的形成是在内在主体的、生物特征塑造的和社会文化预先形成的主体外过程之间动态进行的。"[①]

角色游戏和语言

由于这些联系，可想而知，角色游戏在支持社交过程和语言方面起到了重要作用。[②] 通常来说，偏爱语言特别是绘本、韵律或诗歌的教师应该负责角色游戏区。角色游戏区以沙发为主，几个孩子可以紧挨着坐在沙发上。除此之外，沙发还有一个优点：它是适合成人的符合人体工程学的坐具。

角色游戏区的沙发在房间中又构成了一个空间。当你坐下来讲述一些事情，或者做一些让自己感到舒服的事情如阅读或看画册时，沙发就象征了交流。

对一些教师来说，如果沙发摆放在房间中间，只在局部区域形成一个空间，并没有在房间里构建出一

① Schäfer，G. E.：Bilder in der frühen Kindheit. In：Schuhmacher-Chilla (Hrsg.)：Im Banne der Ungewissheit – Bilder zwischen Medien，Kunst und Menschen. ATHENA，Oberhausen 2004，S. 112.

② Siehe dazu：Möllers，Ch.：Chancen vielfältiger Sprachförderung in der Offenen Arbeit. In：Gruber，R./Siegel，B. (Hrsg.)：Offene Arbeit im Kindergarten. verlag das netz，Weimar/Berlin 2008.

个适宜的声学空间，那就发挥不了上述作用了。一般情况下，教师更喜欢一个安静一点的场所，在这里，她们可以交流、朗读或者倾诉。但是，在角色游戏区中很难找到这样一个地方。通常来说，需要自己创造一个。因此，遵循"空间中的空间"原则是非常有必要的。如果你要在几个房间中进行选择，以下几点会起到决定性作用：角色游戏区的房间应该有小里间，并且是多角落的，要有第二层或一条走廊。你也可以对一个没有任何特殊功能的普通房间进行相应的结构设计。

但是，日托中心拥有单独的阅读室是相当罕见的。在大多数情况下，朗读角必须设立在群体空间或功能室中，当然这些房间也有其他用途。因此，教师和儿童不能在一个安静的氛围中进行交流，而是必须要战胜周围环境的喧闹声。对促进交流来说，在房间里营造出一种"可听见"[1]的氛围是很重要的。

这是一个根本性问题，因此在这一点上，我们想向政府呼吁：营造更好的环境条件，减弱孩子们发出的声音。在这一要求得到落实之前，我们作为教师，必须努力改变现状。

在讨论教学理念与日托中心噪声水平之间的联系之前，我想请大家注意一个事实，即建筑师不经意间作出的决定会对建筑和单个房间的听觉效果起到很大影响。[2]

空间布置和声音效果

教育理念决定房间的噪声水平，因为它考虑到了孩子们对运动的兴趣。确切地说，它考虑到了孩子们对参与活动或进行运动有没有兴趣，我认为这是在功能室采取开放式教育的最重要原因之一。虽然这一点不容易实现，但这是开放式教育理念的一部分：有一个随时可以进入的活动空间，教师不仅要对这个空间负责，而且要在这个空间里工作。这个活动空间一定要布置得与众不同，不能像游乐空间那样。[3]

如果人员配备允许，最好让孩子在运动空间和室外区域之间进行选择。但是，因为这在很多情况下是不可能的，所以必须在团队中找到一位同事——她要么待在运动空间，要么待在室外区域，以便满足孩子们在任何一个空间中的运动需求。

原则上讲，在开放式教育中，室外区域应该和其他所有空间一样，即孩子随时都可以进入。室外区域可以让孩子们尽情玩耍、自由活动。

---

① 可听性是一个总概念，它描述了一个用于声音演示（例如音乐或语言）的房间的声学特性在听众所在的位置的作用。

② 参见本书第 217 页 "声音" 一节。

③ 参见本书第 129 页 "运动室" 一节。

如果孩子可以在身体活动空间（如运动空间和室外区域）和安静活动空间（如角色扮演区、搭建区和工作区）中进行选择，那么我认为，这些空间应当充斥着忙碌的气氛，但噪声并不大。

然而，空间中现有的东西是不够的。你必须对空间进行这样的布置：把儿童分成更小的小组，从而可以开展平行游戏。即使在这些"安静"的空间里，也不意味着他们要保持一动不动。在搬运大块积木、处理大量黏土或搭建山洞时，你可以给孩子们安排一些任务。

在此，我只想简单地指出，日托中心可以识别并消除许多不必要的噪声，包括响亮的收音机或随机使用的"背景音乐"、婴儿车、叮当作响的玩具以及会发出很大声音的材料（如用硬塑料制成的大浴缸中摆放的干栗子）。

如果将吵闹的活动与安静的活动分开，通常要采取必要的隔音措施，并防止不必要的噪声。在空间内再创造一个空间是一种很有效的方法，它既能让孩子们在角色扮演区一起游戏，又能让他们在安静的地方听故事和阅读。

我认为，不仅在角色扮演区中应当有书籍，在其他空间中也应当有书籍。例如，在画室中有关于艺术的书籍，在搭建区中有关于建筑的书籍。在角色扮演区中，除了应该有一些关于"化装"或"影子游戏"

等诸如此类的适合游戏的主题且孩子们可以从中汲取灵感的书籍之外，还应该有其他各种读物。老师的工作重点之一可能是建设和维护角色扮演区中的小型图书馆，当然，孩子和父母都可以参与进来。

我知道一些日托中心，孩子和父母可以在周末到那里借书。我认为，为每个孩子提供一个可以用来装书的布袋是一个不错的主意。我从位于雷肯费尔德的圣弗朗西斯科日托中心的一个小组中知道，在孩子过生日时，父母给他们送上的不是糖果，而是图书馆的书籍——这是给他们的精神食粮。

空间中的空间：区域划分

最简单的空间布置方法是在地板上放柜子或架子。但是，与搭建室不同的是，这通常不会形成有效的区域划分，除非额外用一些物品遮挡，如布帘、挂帘或植物。

另一种选择是在整个空间中摆放较高的架子，这是我经常建议的一种做法。虽然对于某些老师来说，这样占据的空间似乎太大了，但是它们提供的空间，足以用于讲故事和阅读——即便并不总是这样。

可以在带有附加隐私保护或架子的柜子中存放合适的材料，让孩子想要独处时可以一个人玩耍，想要与其他孩子和老师待着时也可以一起游戏。帐篷适合休息，可以安置在门后等不便移动的地方。更加小

巧和多变的休息场所与游戏室是利用木架和屏风创建的。

为了保护好屏风，马蒂亚斯·巴克对宜家的伊瓦（Ivar）隔板侧面进行了改造。他转动吊环螺钉，在帆布上打孔，然后将一根绳子穿过帆布和吊环螺钉。这样，隔板侧面就会更加耐用，并且看起来比较美观。

用一块或多块布帘来分隔房间可能会很有用。与柜子和架子不同的是，布帘更加灵活，人们可以随时打开和关闭。此外，布帘可以阻挡噪声，并有效地营造出一种可听见的氛围。因此，应该尽可能多地悬挂

---

① 参见苏泽特街道 SOAL 日托中心衣帽间布置。

布帘。

有些老师拒绝在房间中间挂布帘，因为他们觉得压抑。此外，有时还会出现技术问题。不过，我知道有些日托中心的布帘支架是安装在隔音板下的，甚至还能移到墙角。

有时，将柜子搬离墙面、横放在房间中是个不错的主意。当然，这样是否会使柜子产生压迫效果取决于房间的大小和采光条件。

汉堡苏泽特街道 SOAL 日托中心通过移动靠壁组合柜解决了三个问题。因为房间中有足够的窗户，所以可以将壁柜的一部分直接摆在其中一个窗户的前面。当然，它固定在地板和天花板之间。底柜与窗户平行，形成了一个相对封闭的空间中的空间。

在墙壁和壁柜之间有一条狭窄的通道，通往新划分出的空间。壁柜的高度为孩子们创造了一个可以休息的地方，因为它不是真正的墙，所以可以通行，这样就可以随时知道房间里面发生的事情。

就像几十年前在许多日托中心中常见的那样，SOAL 日托中心中放置了坚固的壁柜。壁柜摆放在中间，因为是在两组（两个班）的衣帽间中，所以看起来相对较大且美观明亮。① 因此，员工提出了一个好主意：在那里设置急需的餐厅，从而缓解用餐时的桌

椅需求。为了更好地利用每平方米的空间，拆除壁柜
是很有必要的。壁柜的一部分已重新安装在其他地方。

家庭和职业角色扮演

我将孩子角色扮演游戏中的两个主要区域设定为
家庭和职业。传统上，群体空间中相应的地方被称为
"娃娃家"。我避免使用该术语，因为它对孩子的定义
过多。我倾向使用"家庭游戏区""公寓"或"儿童
房"，这些不完全是旧事物的新名称，更多地指为儿
童提供有更多可能性的设计。

最重要的变化在于，家庭游乐区必须比普通的娃
娃家更大，因为孩子在那里不仅可以玩玩偶，最重要
的是可以把自己看作参与者。因此，在洋娃娃的床旁
边应该有一个大的儿童床，儿童可以躺下或与其他儿
童一起睡觉。

在这样的体验背景下，一张带顶的双人床不仅
能成为孩子们美好的游乐场，还能在房间里形成一个
很特别的空间。因此，我极力推荐带顶的床。马蒂亚
斯·巴克发明了它，是因为孩子们对拥有一张真正
的婴儿床感到兴奋，并经常争论谁可以使用它。显
而易见，给他们提供一张大一点的床可以解决这个
问题。

在上文提及的空间设置的帮助下，儿童房应该是
这样的：配有底柜、架子、窗帘、书架或屏风，还可

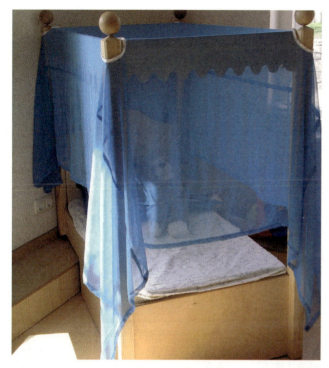

以在里面做饭、吃饭和睡觉。

在我看来，现实生活中还没有完全适合孩子的家具。家具越简单、功能越多——如用木凳代替座椅或用小箱子代替大箱子，孩子们的想象力就会越丰富，玩起来也不会很快就感到无趣。马蒂亚斯·巴克发明的可组装凳子非常契合这个想法。

我会用家常用品代替常见的塑料合成的儿童餐具，包括小锅或家长愿意提供的不再需要且坚固的盘子和刀叉等餐具。当然，耐用的玩偶也是不错的选择。

角色扮演游戏对小女孩和小男孩都非常有吸引力，从这一点来看，在家庭游戏区中划出玩偶角是很重要的。

在进行开放式教育的日托中心中，多个玩偶角常常会合并在一起，但里面包含了太多的家具。在这种情况下，我建议为儿童房配备现有的家具，并在儿童需要的地方（如搭建室）放置可组装凳子。

娃娃家缺少一个领域，那就是职业场景，而杂货店不足以代表这一领域。传统看法中，工作是男孩子的事情。但是，在我看来，职场中的不同设备和材料导致小男孩和小女孩同样对角色扮演感兴趣。因此，有两种布置空间的方法。

第一种方法：提供普通的和多功能的材料，如可组装凳子。这些材料使儿童能够创造一种对他们来

说很重要的场景，并在对其他事情感兴趣后再改变所有情境。例如，在雷肯费尔德的圣弗朗西斯科日托中心，一家冰淇淋店后来变成了建筑工地。

可组装凳子的想法源于儿童，如果有一位愿意接受儿童想法并为此提供额外材料的老师陪着，那么儿童就可以进行游戏。索尼娅·哈根是圣弗朗西斯科日托中心的一名老师，她先从冰淇淋店采购了菜单，又购买了安全头盔和塔架，通过逐渐增加的用具，对多功能的可组装凳子进行补充。

诸如此类的角色扮演用具应该按主题分类并有序地储存在容器中，如放在透明盒子中或日托中心可用的箱子中。

　　为了激励和支持职业角色扮演，可以给孩子准备一些传统设备，如机械秤、打字机或旧的收款机等。因为与现代电子设备相比，它们为孩子提供了上手操作的可能性。

　　第二种方法：布置逼真的场景，就像在汉堡的毕宁施泰特（Bünningstedt）日托中心看见的那样，将一个废弃的美发椅作为美发沙龙的中心。

　　我认为这两种方法都有一定合理性，选择哪一种方法取决于角色扮演区的位置、已有的或容易买到的东西及老师负责的重点内容。准确地说，我赞成某些角色扮演游戏应该有固定的模式，不仅要在房间里划分不同的空间，而且要有多功能材料，如可组装凳子

113

等。借助这些材料，孩子们可以快速实施并改变自己的想法。

空间中的空间：高度布置

日托中心可以利用园内资金或以较低的成本实现地面上的空间布置。与之不同的是高度布置，因为它需要安装，所以与经济支出密切相关。因此，要慎重考虑花费。

一般采购清单中的游戏室布置材料不能满足此处

描述的用途。一方面，它们是工厂批量生产的，将销往世界各地。这意味着它们不能真正适应任何地方，因为它们与特定的空间没有任何联系。另一方面，它们也脱离了教学理念，因此它们是为普遍意义上的"虚拟"日托中心设计的。

然而，适应个人情况也是很有必要的，这样游戏室看起来才不会与这个空间格格不入。这不仅是一个美学问题，而且是一个非常实际的问题。通过安装木匠制作的组装件，空间可以得到最大利用。对很多苦于空间不足的日托中心来说，这也是它们花钱买游戏室的最重要原因。

但是，这不仅仅是与获得空间有关。如果是从概念角度来考虑结果，则安装实际上是成功的。沃尔夫冈·马尔克（Wolfgang Mahlke）不仅是一名艺术老师，还是维尔茨堡大学艺术和特殊教育学领域的艺术家和教授，他是将高度布置用于幼儿园的第一人，并为此提出了构想。[①]20世纪80年代初期，他为幼儿园建造了内部装置，将房间分成至少上下两部分，并使用门栓来保护隐私，因为该装置不仅包括栏杆，还包括木板。木板上有洞，这样孩子们可以向外看，但没人可以向里看。

沃尔夫冈·马尔克发现，许多新幼儿园是"空荡荡"的，太明亮、太高、太宽敞，因此回声特别大。后来，他想根据人体标准来布置空间，并以孩子们的身高作为高度设置的标准，空间中的空间的高度应该只能达到孩子们的身高。木板组装的墙壁还有一个令人期待的附加作用，即儿童可以逃脱成年人的视线，这对教育理念产生了直接影响。

20世纪80年代中期，我记得我在维尔茨堡的一所日托中心旁听，该机构由修女经营，由沃尔夫冈·马尔克重新布置。马尔克带我们参观了整个房间，我对这些设备的印象就像听了一个修女的报告一样深刻。他谈到了内部布置带来的变化：人们必须习惯不能随时随地看到所有孩子，但这并不是缺点，因为人们发现孩子在参与游戏时变得更加专注，也更加平静。

沃尔夫冈·马尔克的作品受到了较小范围内专家群体的关注。自20世纪60年代以来，他一直在为幼儿园、残疾人机构、儿童和青少年精神病院、医院的儿童病房、学龄儿童的图书馆以及小学制定空间布置方案。[②]他与其他专家一起制定和完善了"维尔茨堡空间布置方案"，并称其为"为安全感而建"。

自沃尔夫冈·马尔克证实人们可以合理利用幼儿园房间的高度以来，幼儿园家具行业就开始流水线式生产上下两层的游戏室。

在汉堡担任日托中心专家顾问的头几年，我强烈支持这样的内部装置——不管是工业化生产的还是自制的，因为我觉得利用房间高度的想法是可行的。但在热情消退后，我发现无论是工业化生产的还是自制的游戏室都不太美观，它们与日托中心格格不入。此外，自制的产品都非常粗糙，这可能会导致孩子更多

---

① Mahlke，W./Schwarte，N.：Raum für Kinder. Beltz Verlag，Weinheim 1989.

② Mahlke，W.：Schul-Raum. Die erzieherische Wirkung des Raums in der Schule. Hrsg.：Evangelische Schulstiftung in Bayern，1998.

地将游戏室用于休息而不是进行活动。因此，教师对此有越来越多的抱怨就不足为奇了。

渐渐地，我意识到沃尔夫冈·马尔克设计内部装置的理由太片面了。孩子们有休息的需求，但最重要的是他们还想动起来。

在讨论"开放式教育"的过程中，我想到了以下解决方案：一方面，要有满足孩子活动需求的装置；另一方面，也要有可以让孩子休息的游戏室。所以，没有必要阻止孩子在游戏室周围攀爬。在随时都可以进入的活动空间里，他们应该都能找到攀爬的可能性。因此，角色扮演区的第二层主要不是用于运动，而是用于家庭和职业角色扮演。

这些因素是我与马蒂亚斯·巴克和安内莉·鲁芬纳赫共同开发"汉堡空间布置方案"的重要推动力。在日常的教学实践中，当意识到在其他房间也拥有不同的活动可能性时，孩子们会很开心，这是很明显的。老师也很高兴，她们不用再在角色扮演区里不断争论第二层是否可以用于攀爬。

20 世纪 80 年代末期，在一所治疗性幼儿园做社区服务工作的木匠马蒂亚斯·巴克与沃尔夫冈·马尔克一同按照"维尔茨堡空间布置方案"重新对幼儿园进行设计。当了解到马蒂亚斯·巴克的工作后，我觉得他就是解决我所看到的问题的最佳搭档。他的内部装置既有教育意义，又非常美观。换句话说，这些装置不仅外观漂亮、比例协调，而且质量很好。特别打动我的是，它们能够和谐地融入房间，而且变化多端。马蒂亚斯·巴克知道设身处地地为孩子着想，他非常注重细节，创造了与众不同的上下楼梯、通道、俯视区和边界。

因此，我支持日托中心与木匠进行合作，一同落实我所追求的内部装置质量标准：在汉堡鲁多尔夫街道城市日托中心，马蒂亚斯·巴克利用房间的高度搭建了一个角色扮演平台。因为门口总是有人进进出出，所以平台的一部分超出了门的高度。由于人们不会使用门口地板周围的空间，因此获得的空间特别大。

内部装置质量标准
- 适应空间的条件。
- 改善空间中现有的东西。
- 明智地利用现有资源。
- 不同的形状和表面。
- 为儿童提供多种游戏选择。

在游戏室上层，孩子可以在两个不同的空间玩耍，并回到马蒂亚斯·巴克所说的鸟巢里休息。在游戏室下层，设立了一个衣帽间。魏玛陶巴赫日托中心的角色扮演平台也是由马蒂亚斯·巴克建造的，同样是在门旁。他注意到，通往平台的楼梯应尽量靠近人

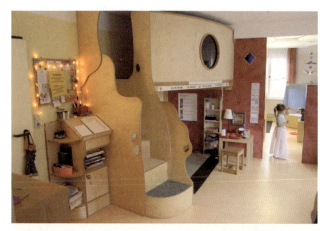

员来往的区域，就像门一样。这样一来，房间里的运动声音就减弱了。如果通往平台的楼梯建在离门很远的地方，还可以摆放一张桌子，作为老师的工作场所。孩子可以退回到上层休息，老师可以透过一个玻璃大圆窗清楚地知道角色扮演区里发生了什么。

角色游戏室的舞台

舞台是一个非常特别的空间。如果舞台上有幕布，那么它比房间中的任何其他空间都更具多功能性。根据我的观察，幕布是儿童躲藏的首选之地。

在可移动家具的帮助下，孩子们在这里玩着家庭和职业角色扮演游戏。他们把舞台作为化妆和装扮的场所，有时候也会进行一些小表演。

人们可以全都聚集在舞台上，我时常遇到一些老师在舞台上朗读或看绘本，即便幕布是拉上的。

在日托中心里，孩子可以梳妆打扮的地方有很多。不需要很大的空间，但总需要一个遮挡物，如横放的架子、布帘或屏风。

在我的印象中，提供一些基本的物品如镜子、布

一些道具服装，那再加上一个服装充足的装扮角也很合适，即便只是暂时性的也好。

有装扮角的地方还应该有一个舞台，因为这样孩子就有合适的地方进行表演了。但经验表明他们会在日托中心进行表演，不一定需要舞台。

如果角色扮演专家想要深入研究舞台表演，如戏剧游戏（Jeux Dramatiques）[1]，就会发现简单的装扮物品如布料或布料碎片和舞台一样是取之不尽的灵感来源。

在任何一个角色扮演区都不能缺少带幕布的舞台，至少在过渡时可以用欧式栈板代替。根据我的经验，没有腿的桌子也是一个很好的解决方案。

如果房间非常小，我会放弃其他角色扮演用具，将空间当作舞台使用。但是，这时就必须有便于运输和容易改变用途的家具，如可组装凳子。这样的话，家庭和职业角色扮演就可以同时进行了。

只有幕布才能把平淡无奇的平台变成真正的舞台。根据舞台在空间中的位置，幕布必须固定在舞台一侧、两侧或三侧。在这样的情况下，可以安装两种不同的幕布：一种是皮影戏专用的白色半透明幕布，一种是舞台表演专用的厚布。最美的幕布是由红色或蓝色的天鹅绒制成的。

料、帽子、包等就可以了。通常情况下，一个配备了许多衣物的装扮角会导致冲突，因为孩子和老师都不喜欢收拾。因此，在这种情况下，少就是多。

不过，如果负责人对装扮角情有独钟，或者家长捐赠了一些狂欢节服装，又或者某个戏剧项目留下了

---

① Frei，H.：Jeux Dramatiques mit Kindern. Zytglogge，Oberhofen 1990.

会给所有参与者带来极大的乐趣。

根据我的经验，幼儿尤其是3~4岁的幼儿只有在特别的情况下才会对主动上台表演感兴趣。很多孩子都会因为上台演出而承受压力，如在圣诞节的时候，因为这样的演出往往是给家长看的，而不是给孩子看的。所以，我建议老师要检查支出是否恰当。但是，在一些有利的情况下，某些在舞台上发生的事情

不过，在我的印象中，"小一点"的学龄前孩子通常也可以做这种事情。舞台主要是孩子尝试和练习的地方，他们经常利用这里来休息，所以人们几乎不会注意到他们在做什么。然而，通过观察角色扮演区的其他活动，人们可以发现进行讨论的话题，且其有可能被带到舞台上表演。在这样的情况下，老师可以通过使用新的道具、在集体活动时展开对话、讲故事或邀请幼儿自己看图画书等方式，鼓励小朋友们上台。

一切就绪的舞台

对老师来说，舞台的吸引力在于提供了一个已经准备好的环境。不管是即兴表演还是按计划进行表演，舞台随时都是准备好的。

在我看来，只要遵循专业化原则，并始终布置有一个舞台，就可以对"周围环境"进行优化。在这一点上，我只列出了一些可能性，并鼓励老师通过反复尝试、阅读专业书籍和进修来发现和拓宽适合他们的方法。

戏剧是一种要求很高的艺术形式，需要老师充当表演指导。戏剧表演与卡斯帕（Kasper，意即小丑）、格蕾特（Gretel，格林童话里的小姑娘）或警察等经典布袋玩偶是密切相关的，因此应该让尽可能多

的老师掌握这种技术并为孩子表演一些东西，以便他们获得必要的操作工具，好迅速度过"胡抢乱砸"的阶段。

玩偶戏主要是一种语言艺术，它需要幼儿具备以下能力：能记住故事或创作故事，并把故事转化为独白和对话；故事要有开始、过渡和结尾，最好还要有高潮；如果有同伴，还需要有默契。最后，也是最重要的一点：布袋玩偶的动作一定要正确，这样观看起

来才会有乐趣。

在这种情况下，少往往也就是多。在我的印象中，布袋玩偶确实很美，但用厨房用具、手指或自制的玩偶来玩游戏要容易得多。这对孩子和成年人来说都是如此，这些材料的优势在于玩家不会一开始就被特定的角色所束缚。我最喜欢用厨房用具作为玩偶，如各种滤网、撇渣器、坚果钳子、压蒜器等，因为它们为我们提供了许多互动的可能性。此外，它们还可以在皮影戏中巧妙运用。

在我看来，皮影戏是日托中心表演性游戏中的一个特别有吸引力的选择，它的游戏范围很广。可以从探索孩子的身体及物品的影子发展到皮影戏。①

孩子们可以用简单的、自制的人物来讲述皮影故事，而老师可以组织具有百年历史的高水准皮影戏演出。②

只有一切准备就绪，老师才能更好地将皮影戏融入日常生活中。也就是说，要有银幕或透明的白色幕布和光源。根据我的经验，幻灯机是一个很好的选择。聚光灯太热了，如果它们不安装在天花板上，而是直接放在地板上，那对孩子来说就太危险了，因为他们容易摔倒。普通的灯不能提供足够的聚焦的明亮

光线，透镜式投影仪也是非常合适的。当然，能够固定位置的幻灯机是最佳选择，只要老师打开它，孩子们就可以开始玩皮影戏。

① Reggio Children：Alles hat einen Schatten außer den Ameisen. Luchterhand，Neuwied 200.

② Siehe dazu：Projektgruppe Reggio，Hamburg (Hrsg.)：Wenn das Auge über die Mauer springt. Darin：AG 4：Schatten，Puppen- und Rollenspiele：Spiele zwischen Fantasie und Realität. Eigenverlag 1990.

化妆和美发

化妆角可以像帕本堡市（Papenburg）的诺亚（Noah）日托中心一样装饰得很豪华，或只配置最基础的设备如化妆镜和化妆盒，这样做的好处是几乎可以在任何地方布置化妆角。

根据各地日托中心老师的报告，如果这项活动一开始就由老师介绍并全程陪同，那么孩子自由化妆是没有问题的。跟孩子说说他们能做什么或不能做什

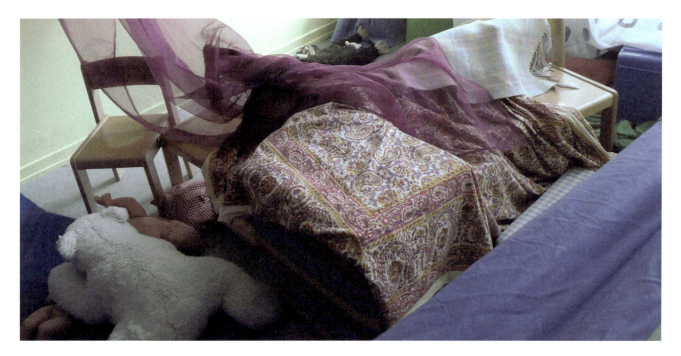

么，这是很有意义的。通常来说，制定一些规则也是很有必要的。

我经常观察到的场景是孩子们完全沉浸于其中，也喜欢互相化妆，看上去就好像他们不需要老师帮忙。如果角色扮演区没有多余的空间，孩子们还可以在卫生间化妆和做头发，就像雷肯费尔德的圣弗朗西斯科日托中心一样。

孩子创造空间中的空间

孩子不仅需要成人创造的休息室，而且必须能够创造自己的空间。对此，一些免费的材料和便宜的

东西如纸箱就特别适合他们。在不使用可组装凳子时，应该准备好箱子、板条箱以及盒子。将它们与木板相结合，就变成了我们所知道的多功能材料。

将布料、床单、桌罩挂在家具上，固定在各种可能的地方。孩子们热衷于布置自己的休息室。

在空间有限的情况下，将圆形螺钉拧在墙壁上可能是很实用的。孩子们可以利用绳子和衣服夹固定住东西。

免费或便宜的角色扮演室材料

• 稳固的纸板、饮料箱或在家庭和职业角色扮演游戏中用作多功能材料的自制箱子。

• 没有腿的桌子，或将欧式栈板当作舞台。

• 用于舞台幕布和休息的圆形螺钉和床单。

• 用于家庭角色扮演的废弃的儿童床。

• 整块的布料、帽子、包、小布头和精选的适合装扮的衣服。

• 旧镜子（可能来自跳蚤市场，有铝箔保护）、镜面（粘在某个平面上）、带手柄的小镜子。

• 架子或地柜，可以改造成洞穴或商店等。

• 旧的或自制的屏风，对宜家的伊瓦（Ivar）隔板侧面进行改造，创造空间中的空间。

• 废弃的收银台、秤、打印机和课桌。

• 包装盒、边沿做过处理的罐头盒和空瓶。

• 丢弃的厨房用具、旧的盘子和刀叉。

• 一张废弃的沙发，可供老师和孩子朗读、看图画书或舒适地休息。

• 从商店买来的透明盒子、篮子或木盒子，用来存放角色扮演的游戏用具。

• 从跳蚤市场买来的有趣东西，在那里经常能找到好的儿童读物。

必须购买的材料

• 孩子们可以用来搭建角色扮演场景的可组装凳子，能形成隔间、容器、墙面、坐具、卧具、桌面或车辆，也可以组装成公寓、冰淇淋店、邮局柜台、汽车、公交车、建筑工地或隔墙等各种游戏场景。它是由马蒂亚斯·巴克开发设计的 ①。

• 化妆品。

• 玩偶。

---

① 一套可组装凳子由 14 个凳子、1 个较大的桌凳和 4 块木板组成。网址：www.kameleon.de.

运动室

在德国，可能仍然有一些日托中心没有运动室。运动室通常被称为"体育室"，在父母积极参与各种事务的日托中心里被称为"玩耍区"，我觉得这两个称呼都不太合适。让我感到犹豫不定的是"玩耍区"这个名称，这个含义很广的词并不适用于一个有不同装备的房间，而比较麻烦的是它可能又是合适的，因为它准确地描述了发生的事情。

若听到房间里有嬉闹声，其实那并不是因为孩子，而是因为房间中单调的设备。例如，当日托中心空间不足，而成人还想满足孩子的运动需求时，就会出现这种情况。因此，他们提供了一个房间，虽然很小，但是孩子们可以在泡沫塑料和软垫上嬉戏。在这样的房间里，孩子没有进行多种运动的可能性。但从安全的角度来看，也是可以理解的。因为儿童（必须）在没有成人的情况下使用这种房间，所以他们需要一些不会伤害自己的材料。因此，"玩耍区"更像是一个软垫房，而不是运动室。

运动室的设备往往也很简陋。体育器材和其他有趣的材料一般不能随意使用，只有在老师在场的情况下才能使用。

然而，允许孩子以小组为单位单独使用体育室的情况几乎在每一所日托中心都很常见。随后，孩子们发现体育室里有许多泡沫垫子。显然，这是为了避免孩子在无人看管的情况下受伤。因为大部分体育器材对小孩子来说都太重或太高，且很难改装。因此我认为，禁止孩子在没人看管的情况下使用这些器材是有道理的。这些器材并不是为孩子量身定做的，而是直接从小学的体育室拿过来的，根本没有考虑要为促进幼儿早期运动研制一套自己的教学器材。幼儿园家具行业并没有解决这个问题，因此几十年来，市场上的幼儿园体育器材与小学体育器材几乎没有差别。

在幼儿园里，人们不仅要参考学校体育室的器材，还要依据精神运动学。20世纪50年代末以来，体育老师恩斯特·基普哈德（Ernst Kiphard）一直在努力钻研。他是一名有志向的老师，其研究重点不是运动，而是孩子们的运动体验。因此，他没有去小学工作，而是先在居特斯洛市（Gütersloh）的威斯特法伦青年精神病诊所工作，1965年起又在哈姆市

（Hamm）工作。由于诊所没有体育室，他将一间会议室改造成了体育室。

基普哈德这样描述精神运动学的开端："于是我们从地下室里拿出软垫、椅子、桌子、毯子、汽车内胎、大箱子、洗涤剂桶、木板、绳子、气球……现在最重要的事情是：我注意到，我在体育学校所学的运动技术知识并不受孩子们的喜爱。他们更喜欢游戏，而不是任何形式的竞技要求。因此，这对我来说是一个绝好的机会——教授孩子们一些运动前的知识。后来我们将这称为'精神运动学'，因为运动与儿童行为在这里有很强的联系，内心体验在外界的运动行为中又变得可见。"①

因此，精神运动学源于体育教育学，而体育教育学已经抛弃了竞技原则，开始关注全民运动，也与有身心障碍的儿童和青少年的工作有关。精神运动学虽然与体育相去甚远，但是一开始就和运动指导有关，被称为"精神运动治疗"。例如，练习如何使用板车。板车主要用于诊所，特别是儿童和青少年精神病诊所、物理治疗实践与具有改革想法的特殊学校和小学，以及一些幼儿园。②

20世纪80年代有一种全面的观点，将促进运动发展与提高感知能力，培养社会技能、沟通能力和解决问题的策略结合起来。"由于有意识地安排包含游戏和运动可能性的经验领域、学习领域，自发的学习情境就产生了。在这些情境中，'自我感知'是学习的起点。看来，从这种'游戏室'融入日常学校生活再进一步融入普通的学习过程当中，似乎是可能的。"③

虽然具有整体导向、行动导向和交流导向，但精神运动学仍然保留着治疗功能，因而它会一直关照儿童不能完成的那些事情。④

20世纪80年代中期，我结识了一些精神运动学家。我发现他们对这种观点深信不疑：为了支持幼儿园里的孩子进行运动，体育室是不可缺少的。日托中心为此花费了大量的精力和金钱，我当时已经产生了怀疑。但是，因为日托中心是一个群体空间，孩子在房间运动的可能性是受到限制的。这样看来，每周去一次运动室也不是什么坏事了。

---

① Aktionskreis Psychomotorik e.V. (Hrsg.)：Psychomotorik in Geschichten. Verlag Aktionskreis Literatur und Medien 2001，S. 10.
② 同上。
③ 同上。
④ Fischer，K.：Einführung in die Psychomotorik. Ernst Reinhardt Verlag，München 2004.

只有在每所日托中心都建立一间运动室，开展开放式教育并讨论其空间布置的各种结果，才有可能权衡去运动室的利弊。事实证明，使用运动室付出的精力和金钱与儿童和老师获得的好处根本不成比例：儿童必须自己穿好衣服，走一段路，脱下衣服，然后再穿上衣服走回去，这段时间通常是他们花费在运动室的时间的两倍到三倍。因为人力成本很高，所以必须经常取消运动室的运动。此外，协商使用运动室的合适时间也并不容易。另一个困难是老师如何才能"在房间里打造一个游乐场"，因为普通的体育设备很重，学校器械不允许使用，所以有时还必须自带器材。但是最重要的是，我认为每周在运动室锻炼一个小时根本不够。

基于对日托中心日常生活安排的观察，我得出的结论是：面向学校或运动室的精神运动学理念必须进行"转换"。最初，我没有找到太多支持者，因为不仅是精神运动学家在使用运动室方面受到了繁多的限制，日托中心也对运动室存在偏见。我能理解运动室的空间往往受限，但是我不能接受日托中心以此为由不好好布置体育室，情况应该恰恰相反。

出入问题

满足孩子运动需求的一个障碍是空间和材料不合适，另一个障碍则是时间分配。这也是传统学校无法避免的问题：只能在一定时间进行运动。

这在幼儿园并不是必要的，除非孩子们被分成一些小组，保教都发生在小组活动室里。妥协的方法是允许每个小组的几个小朋友进入运动室，小组越多，孩子就越少，或者每个小组在固定的时间和老师一起进入房间。在这些时间里，老师要么和孩子一起玩，要么监督他们自由玩耍，确保不发生任何事情。

培训详细论述了运动对儿童的重要性，人们几乎每天都能在报刊上读到缺乏运动对儿童和成人造成的不良后果。近来，脑部研究已将身体发育对智力发展的影响具体化。所以，如果这些建议不能付诸实践，一定存在严重的原因。

我认为，造成结构问题的主要原因是在采取集体活动的方式时不能"使用"运动室。只有进行开放式教育，孩子们才可能较长时间地待在远离小组活动室的其他房间。

仅有空间是没有用的，必须至少有一名老师负责体育室。但是，根据我的经验，即便这样也是不够的。老师还必须熟悉"运动"这个话题，并对运动有极大的热情。最好是在开放式教育的背景下进行，因为老师要寻找主题或自己的兴趣点。

这里恰恰是"说不清因果关系"的，不会有太多女性喜欢对一个毫无氛围、冷漠、沉闷且无趣的房间负责。不仅如此，这个房间还非常吵闹。

矛盾的是，在我所知道的每一所日托中心里，运动室是大多数孩子最喜欢的地方。[①] 当然，日托中心也注意到运动室其实太吵了，但他们忽略了一点，那就是运动室可以满足孩子最基本的运动需求。即便运动室设备简陋，只要允许孩子自己使用，他们在改变事物用途和给予它们游戏价值方面还是很有创造力的。

运动是教育的核心主题

只有在一个不以班级教室为固定出发点的设计方案中，运动室才被赋予不一样的重要性，"猫咬尾巴尖"式的说不清因果关系的问题才会得到解决。但是，即使它与角色扮演区或画室处于平等地位，并且不再是多余的，也不是所有问题都解决了。运动室的设备和教学工作质量在很大程度上取决于其工作时间的长短，而这通常是问题的关键：几乎没有人愿意在这个房间里待很长时间。每当我询问负责老师为什么经常更换运动室负责人，得到的回答都是运动室太吵了。所以负责人是"轮班"的，这样就能公平分配压力。

为了解决这个问题而采取隔音和我稍后将讨论的其他措施，将使得运动室成为一个不仅儿童喜欢待而且成年人也喜欢待的地方。但这是需要有一定花费的。

为了让日托中心老师能够在解决这个问题上全力以赴，必须克服成人思想上的障碍。一旦认识到这是一个核心的教学问题，人们将着手改善运动室的设备。

因为家长和老师可以对孩子们的运动渴望有很多抱怨，运动被视为一直发生但又需要遏制的事情，目的是让那些孩子能"真正学到东西"。因此，大家不得不忍受运动室的吵闹。此外，学校的例子可能对幼儿园有潜移默化的影响——成年人都有过亲身经历：很吵的运动室是让人不舒服的，但大家在一定程度上认为这是"自然"的。让人不愉快的结果是：在幼儿园里，教学会避开这个空间，而不是锲而不舍地去改变它的"低使用率"。

治疗与教育学的关系

我只知道在一种形式的常规机构中，运动室受到了教育学的极大关注，这就是开展融合教育的日托中心，残疾儿童和正常儿童在这里一起被照顾。这里的房间也经常有吵闹声，令人相当不舒服。但对于经过适当培训的治疗师和老师来说，它们是促进残疾儿童发展的主要场所。因此，是成年人的意识而非实际可

---

① 在基尔市的一所幼儿园，孩子可以每隔几个月为他们最喜欢的房间打分，这样老师就能协调工作计划。五年来，运动室的得分一直是最高的。

用的空间决定了使用频率。

　　只要不提供综合治疗，空间上的不足就很容易解决。只有几个甚至一个孩子会在运动室里接受综合治疗，吃亏的是正常儿童及其老师，因为他们几乎不能使用这个房间。

　　这意味着出现了一个根本性的问题，即主流教育与治疗之间的关系，在这里我只想简单讨论一下。在过去 20 年关于融合教育的讨论的背景下，根据多年积极实践的经验——例如，在不来梅或汉堡——我认为融合教育对残疾儿童和正常儿童都有好处。[1] 我知道这会产生一些困难，如费用方面的问题。即便如此，我仍认为为治疗师和治疗教育学的专家有必要在实践中更加积极主动地发挥融合教育的优势。它使残疾儿童受益，使他们不会再被特殊对待。当然，这对正常儿童也有好处，使他们可以不受限制地使用运动室。

运动室的概念

　　20 世纪 90 年代初期，我了解到位于瓦登堡的童格恩日托中心是第一所开展开放式教育的日托中心，它的一间小组活动室被改造成了运动室。随后，又有了第二间运动室。他们发现，除了现有的体育器材之外，长凳、秋千椅和小地毯特别是桌椅等家具也可以

当作运动装置，这是因为没有钱购买全新的设备。老师又注意到，孩子们喜欢改变家具的用途，并将其与角色扮演游戏结合起来。传统家具除了可以用于休息还可以用于运动的发现，达到了将座位区域转变为运动室的目的。

　　我在寻找合适的概念来为将小组活动室转变为运动室所带来的新的可能性命名时，认识了不伦瑞克市的运动教育家和精神运动学家克劳斯·米德津斯基。他与不伦瑞克日托中心的团队一起提出了适合日托中心日常活动的"建筑工地"理念，这一理念的目的是让孩子们不必再去学校的体育馆，日托中心会满足他们的运动需求。为此，以体育室为模型，对日托中心的一个房间进行了重新设计。在这个房间里，孩子们可以同时进行各种运动——爬上爬下、跳跃、摇晃或静止。

　　同时进行各种运动的可能性是非常重要的，否则只有两个选择：要么是使用空间的人数受限，要么是所有孩子都跟上体育课一样进行着相同的运动。

　　为了让所有的孩子都有机会根据自己的需要进行运动，克劳斯·米德津斯基想出了一个在不伦瑞克日托中心非常容易实现的办法。在入口大厅有一个很大的空间，它可以改造成一个运动室，分为三个区域：

---

[1] 可参看汉堡幼儿园协会影片：Mehr als nur dabei sein. Hamburg 2009.

一个是荡秋千和摇摆的区域，一个是在汽车内胎和健身垫上跳跃的区域，还有一个是借助魔术箱和木板设置的用于搭建、平衡、攀爬和躲藏的区域。[1]

这样划分是因为克劳斯·米德津斯基不仅考虑到了孩子们的需求，还考虑到了空间设置和材料报价，而且成本不高——在日托中心的接受范围之内。他结合精神运动学的知识，将身体感官——平衡感、肌肉感和空间位置感——与观察孩子们喜欢做的事情（荡秋千、跳跃、攀爬和平衡）相结合。

在"建筑工地"的理念基础上，孩子们借助各种材料建造自己的活动场所。[2]"建筑工地"一词是指可以在这个地方找到这样的东西：木板、木架和排水软管等。另外，这个词指的是一些活动：设计、建造，并在搭建材料的帮助下创造出新的事物。根据克劳斯·米德津斯基的理念，孩子既不需要体育器材，也不需要精神运动设备，而需要可以改变用途的材料。

"建筑工地"的基本要素是魔术箱。米德津斯基把学校里的一种典型体育器材改造成了简单的木箱，孩子们总能用这些木箱做一些新的事情，即"变魔术"。

在箱子上锯出缝隙，把木板插进去，在圆孔中插入软管，将方木插入四边形的小孔，用于连接两个箱子。在其中一面，每个箱子都有一个大洞，孩子们可以爬进去，就像进了山洞一样。在任何情况下，都需要三个——最好是四个——这样的箱子，用于变形和堆叠。为了便于存放，箱子高度和宽度并不相同，因

---

[1] 更多关于运动工坊和魔术箱制作的信息，请访问：www.bewegungsbaustelle.com。
[2] Miedzinski，K./Fischer，K.：Die neue Bewegungsbaustelle. Borgmann Verlag，Dortmund 2006.

此它们就像"套娃"一样。①

根据米德津斯基的理念,"建筑工地"的基本设备除了能改变用途的体育器材和搭建材料外,还必须包括摇晃、摆动和旋转的可能性。以体育室为参照,孩子们可以在圆环和单杠上摆动和旋转。

所有这些设备都放在了不伦瑞克日托中心的体育

室。为此,日托中心不仅在花园,而且在运动室安装了秋千。米德津斯基把观察到的所有儿童都喜欢荡秋千的现象与体育器材可以适应日托中心条件的经验结合起来,并结合精神运动学的见解,认识到身体感官特别是平衡感的重要性。将房间划分为不同的区域这一巧妙的举动,让所有孩子能在同一时间运动并且互不打扰。

在不伦瑞克日托中心观摩和与老师交谈时,我发现:在没有老师监督的情况下,对运动种类的开放态度实际保证了所有孩子的运动需求都能得到满足。通过观察个别儿童对设备的使用,得到了这一惊人的结论。前提是观察到每个孩子都有不同的运动需求,尤其是在不同时期。运动室从上午到下午都是开放的,而且有老师值班,所以很多孩子都可以使用,因为他们在不同的时间有不同的运动欲望。孩子们不必担心运动室会关门,可以按照自己的意愿来使用。他们可以选择一直进行某项运动,也可以改变,当然还可以离开房间,然后再回来继续活动。如果发现没有其他地方可以进行运动,他们之后还会再来。

"建筑工地"理念也适用于埃尔弗里德·亨斯滕贝格(Elfriede Hengstenberg)的活动材料,我注意到了各种概念之间的明显差异。通过观摩和与老师交

① 查阅自制魔术箱,可访问:www.kameleon.de。

谈，我得出的结论是：亨斯滕贝格的运动材料没有满足我认为的要求。

埃尔弗里德·亨斯滕贝格是一位体育老师，1892年出生，1992年去世。她的目的是鼓励孩子们借助她开发的材料，独自探索周围世界。1935年，她认识了艾米·皮克勒，并对作为婴儿之家主任的艾米·皮克勒产生了影响。20世纪50年代，艾米·皮克勒就已经开始为儿童提供运动材料。

第二次世界大战前后几十年，埃尔弗里德·亨斯滕贝格的功绩是毋庸置疑的。为解决学校和私人诊所面临的儿童体操姿势性损坏问题，她制定了以儿童为中心的理念。与当时学校强迫儿童运动的做法相反，她坚信她所提供的运动器材如人字梯、平衡杆和攀爬杆、凳子和半圆松木等能释放出孩子最原始的运动乐趣，让他们重新获得和谐而不费劲的运动能力。

对治疗实践来说，我觉得亨斯滕贝格的运动材料非常有趣，因为一个治疗师的工作对象是一个或几个孩子，这样就可以将注意力都放在他们身上。但是，这并不利于日托中心运动室的日常使用。这些材料显然是以"练习时间"为背景设计的，事实证明，老师陪同孩子使用这些材料是非常耗时的。因此，支持儿童独立发展运动可能性的目标只能在有限的范围内通过亨斯滕贝格研发的材料来实现，至少得有一位老师始终陪同孩子一起使用材料进行运动。

在我看来，运动室的器材一定要做到"容错"，也就是说孩子在没有老师直接监督的情况下也能使用。因为运动室里有各种各样的运动能进行，就像上文提及的那样。亨斯滕贝格的运动材料不仅不能在没有人看管的情况下使用，而且体积大、十分重，只有成年人才能搬动。在任何情况下都必须好好看管这些

器材，因为在没有监督的情况下使用它们是非常危险的。

我认为器材不必远离孩子的视线和能够接触的地方，只要放在原来的位置就好，比如，所有木板都堆放在一起，或者所有盒子都放在一个角落，这样孩子们随时可以重新开始活动。与孩子们用克劳斯·米德津斯基"建筑工地"的器材进行活动相比，我观察到，在使用亨斯滕贝格的器材时，孩子们像在运动室一样排队，并像做"体操跑酷"游戏一样使用各种器械。

请重视"真实"的和其他所有"建筑工地"的标准，如"容错"能力、独立处理和多用途。尤其是在运动和角色扮演游戏相结合时，我建议要对此进行检查。在对克劳斯·米德津斯基的器材的所有标准进行衡量之后，我发现亨斯滕贝格的器材的各个元素都很有趣。我最喜欢半圆松木，虽然有些小，但是用途非常多。在有人看管的情况下，木凳和梯子也可以灵活使用。[1]

森林作为灵感

在寻找运动室的替代方案时，在"汉堡空间布置方案"的背景下制定的空间设置特征始终如一地采用开放式教育的想法，这样做的结果是将日托中心内最大的房间当作运动室。

从精神运动学的角度看，虽然一个像运动室这样的大房间拥有多种运动的可能性，并且能给日托中心的空间设置提供建议，但是我认为大自然才是更好的灵感源泉。

在森林里，孩子们会做些什么呢？他们会爬树，在树上停留，然后跳下来，再爬上去，保持平衡，紧紧抓住。因为没有辅助工具，他们就会尝试摆动身体。

森林的运动可能性比设备最好的运动室更加多

---

① 详细信息请访问：www.basisgemeinde.de。

样，最重要的是器材的品质也完全不同，应将其应用到运动室的布置中去。不仅如此，还有自然的光线、出色的声音效果、柔和的色彩和清新的空气。换句话说，森林没法被超越、不能被模仿，但作为灵感源泉却有极大的帮助。此外，每个日托中心团队都希望每周能为孩子们提供一次森林之旅。

攀爬和跳跃

以自然为导向的运动空间布置看上去会是什么样的?

首先是有攀爬和跳跃的可能性,木工马蒂亚斯·巴克的灵感就来自岩石。

攀岩墙看起来漂亮,对孩子的要求也比普通的横木梯子高得多,因为孩子要更加仔细地观察和探索,力量分配也要更加合理。此外,攀岩墙也更令人兴奋,因为孩子们可以随时寻找路径。最重要的是,攀岩墙并不是简单地安装在墙上,而是一条道路的一部分。孩子们爬上岩石,是因为他们想到达一个瞭望点或躲藏起来。

既然孩子喜欢攀爬,那么在空间有限的情况下,如何满足孩子的需求就显得很有意义。因此,马蒂亚斯·巴克设计了壁炉。当这些升降通道被小窗打断并与楼梯和消防杆等上升和下降辅助设备相连接时,就会变得特别刺激。可以爬上去的壁炉有一个很大的优势,那就是为孩子提供了不同的活动可能性,并且不会伤害和打扰其他孩子。

壁炉内也是独处的好地方,但允许孩子们通过小洞和镂空的地方与外界保持联系。

作为对攀岩墙的补充,最佳的选择是放上一架埃尔弗里德·亨斯滕贝格设计的梯子。

如果有足够的空间高度,那就可以非常接近大自然的风格。在一所新日托中心,室内设计曾计划交由魏玛的胡弗兰德公共受托协会和马蒂亚斯·巴克的家具生产商共同负责,并且聘请我作为教育咨询顾问。

这家机构的运动室实现了孩子攀爬、保持平衡和躲藏的愿望，因为它充分利用了空间的高度。一开始，承包商接受了我们的建议，计划打造一些功能室，并且放弃了设计一个中间楼层的想法，这样便可在各个功能室中单独安装中间楼层。使用这些中间楼层是为了给孩子提供玩耍的最大可能性，也是为了给老师带来最大的安全感。老师不必总是神经紧绷，孩子也可以满足自身的探索乐趣。

魏玛"风笛"日托中心的运动室被切分成两个平面，在地面空间也就是第一层，孩子们可以玩"建筑工地"的箱子和木板，还有各种各样能让身体摆动起来的设施，这使得他们仿佛置身于建筑工地。

 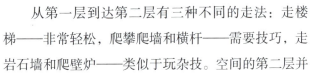 

　　从第一层到达第二层有三种不同的走法：走楼梯——非常轻松，爬攀爬墙和横杆——需要技巧，走岩石墙和爬壁炉——类似于玩杂技。空间的第二层并不平坦，仿佛置身于小山和山谷高高低低的起伏中。这些"小山"和"山谷"通过悬索桥、隧道和稳定而晃动的交叉拉伸的绳索连接在一起。

摇摆和旋转

如果空间像小组活动室一样有限，但是还想要安装一些用于攀爬、跳跃、摇摆和晃动的设施，那么必须好好考虑选择怎样的摇摆设施。也就是说，当孩子还没有习惯秋千并且会撞到他人时，为了不让孩子受伤，普通的木板秋千或者塑料秋千不应随便安装在运动室里，但许多老师表示很少出现这种情况。如果在运动室出现了合适的摇摆设施，许多孩子反而会更加聚精会神，并且在玩耍时思前想后。尽管如此，谨慎选择摇摆设施还是有意义的。如粗绳、球形挡泥板和球形治疗秋千就是非常合适的选择，没有尖角和尽可能没有硬棱边的物体都是合适的。

一般而言，在运动室不适合将粗绳和秋千挂在天

花板上。因此必须安装一根梁木，每个木工都能制作这样的梁木。

梁木应安装在门上方，而不是直接安装在天花板上，这样便能缩小秋千的摆幅，也能方便教师挂取和更换秋千。

平行安装的两根或多根梁木更加灵活多变，这便是一套秋千梁。治疗秋千不应挂在梁木的两个点上，而应挂在四个点上。这样摆幅不会很大，也有助于孩子在房间里进行不一样的活动，并且互不干扰。

将秋千安装在平台下方，这样不用秋千梁也是可能的。因为安装在平台下方的秋千摆幅有限，所以这样的秋千只适合3岁以下的孩子。就像亨内夫镇的圣母日托中心一样，人们可以将粗绳横向固定在平台下方的两个点上。孩子们可以在这条粗绳上尽情摇摆，就像双手抓住横梯交替向前移动一样。

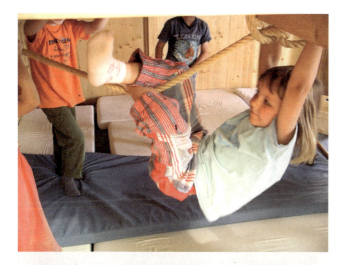

的专业人员应该在设计秋千时安装皮带和双搭环。使用环圈可以快速更换秋千，并能低摩擦摇摆，非常灵活。也可以根据需要伸长皮带，从而最佳地调整秋千的长度。如果环较大，就可以将垫子或软管插入两环之间，这又是一项新的运动。负载后，比起普通绳上的结，这个结更容易解开。

　　固定秋千的东西最好是灵活可变的，而非安装在天花板或梁木上的钩子。可以安装帆船上使用的滑轨，它们能承受物体的摆动，也方便老师更换材料，但只有将秋千梁安装得低一点才行。

　　为了达到秋千的最佳使用效果，负责运动空间

　　如果房间里既没有秋千也没有游戏平台，我建议放上一个能够完美转动的圆形转盘。孩子们使用时会激活他们的身体感官，特别是平衡感，当然也包括肌肉感和空间定位感。所以，这样的转盘是每一个运动室的基础设备。对于克劳斯·米德津斯基和哈格多恩（Hagedorn）设计的模式，我深有体会。①

① 有关圆形转盘请访问：www.hagedorn-spiel.de。

灵活的材料

马蒂亚斯·巴克的家具生产商采用了"建筑工地"的想法，并在空间内放上魔术箱、木板、方木和截断的木料。但是它对魔术箱做了两处改动：首先增加了箱子的高度，其次箱子表面也发生了改变。

根据观察和实践反馈，还改变了一处细节：和克劳斯·米德津斯基原本的想法不同，连接箱子或搭建斜面的木板现在盖在箱子上方，并且木板两头带有"抓手"，这样就能紧紧抓住箱子。这杜绝了孩子的危险行为，并且使得无法一直陪在孩子身边的大人能够放心。

即使这样的材料不危险，孩子游戏时老师还是要在一旁照看。老师可以观察到，孩子们在这些箱子上玩耍嬉戏。因此他们需要更加容易摆弄的箱子，而不是体育课用到的箱子。因为魔术箱更轻、更小、更容易操作，所以孩子能移动它们。这些箱子不仅适合上体育课，也可当作角色扮演用具。此外，每一个魔术箱都有大大的孔，孩子们可以爬进去，而体育课用到的箱子就不是这样的了。

"建筑工地"的基础设备木板和方木、魔术箱上的孔创造了孩子们接触的机会，他们不断找到游戏和

运动的新大陆。

马蒂亚斯·巴克将弧形阶梯称为三角梯。三角梯有一个斜面，两个斜面的中间部分是梯子的横木。[1]三角梯的一面是封闭的，另一面是镂空设计的，孩子可以爬进洞内。三角梯的每一面都是多功能设计的，孩子可以爬、跳、滑和躲藏，因为它将滑梯、楼梯、洞穴和平台的功能结合在了一起。最重要的是，在运

---

① 有关弧形阶梯请访问：www.kameleon.de。

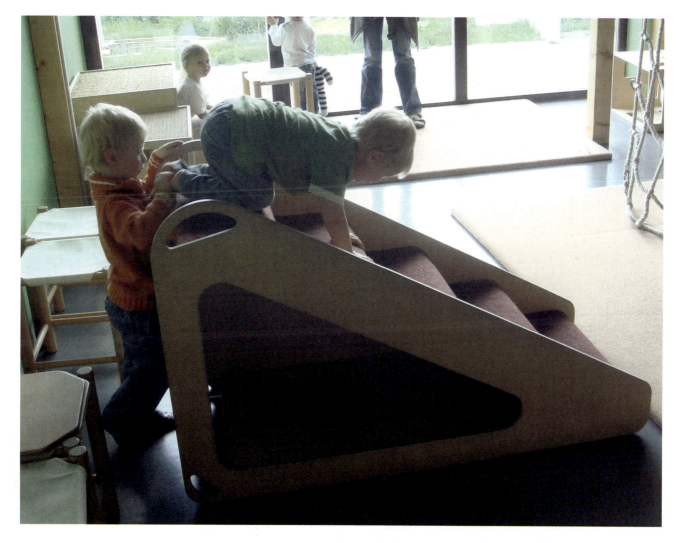

动空间有限的情况下，这样的设备在同时提供许多运动可能性方面是合适的。此外，三角梯也适合放在被另作他用而不得不移除运动材料的房间。

声音、光线、颜色和材料特性

日托中心运动室应该安装隔音板，隔音板是新日托中心的标准配置。考虑到隔音板的质量、空间大小和高度，不能只在天花板上安装隔音板，墙上的隔音板也必不可少。

尽管有运动室的日托中心需要并且一定要安装隔音板，但日托中心通常并没有这方面的计划。考虑到空间大小，一些机构会用挂毯和地毯来减弱噪声。如果资金有限，在部分地面铺设地毯也可以作为一种防护。许多厚重的窗帘也可以减轻噪声，从而使得房间内部不受外界打扰。此外，挂上布料做的帆也是可行的。

在运动室的球类运动问题上，我认为孩子喜欢球类游戏，这一点毋庸置疑，但是我建议不要在室内进行此类活动。首先，球类游戏会占据很大的空间，许多孩子不能同时玩耍。其次，这必然会损坏灯和隔音板。

通常在小组活动室会铺漆布，但在运动室也可以铺。无论如何，运动室不需要弹性地面。根据我们目前的运动室布置经验，唯一通用的地面布置是已多次提及的球纱地毯，因为这种地毯不吸水。

运动室的隐藏空间有利于营造安静的室内气氛，以两层或多层平台的形式固定安装隐藏空间是最好的一种组合方式，这样的平台使孩子有了爬行的机会。非固定的隐藏空间采用了硬纸板、大的建筑砖石和魔术箱，用这些材料还可以搭建小房子，孩子们可以将这些小房子作为藏身的洞穴。

应选择适合用来搭建洞穴的垫子和泡沫塑料，因此其和体育课上用到的大多数垫子一样，既不能太重也不能太轻。为了增加搭建的可能性，较小的和方形的垫子是合适的。垫子的规格越单一，数量越多，孩子们越能较好地使用它们。采购清单里不会列出简易的中性泡沫塑料这种物品，因此我们要自己用泡沫塑料制作并缝上套子。

为了让孩子在玩耍中充分发挥想象力并营造一个更好的室内气氛，应准备许多毯子、帕子和枕头。至于这些材料的样式和数量，应该从观察和与孩子的对话中得出。其他的材料例如玩具车、绳索和小轮胎等也是合适的。

就我对于材料的说明，我还想补充两点基本评价。我确信，如果将更多的注意力放在感官对材料的体验上，那么成年人也会喜欢待在运动室。将轻的和重的、软的和硬的、光滑的和粗糙的材料适当地摆放在一起，非常合适。

运动室的墙壁通常是白色，室内的灯光很亮。蓝色是主色调，通常垫子是蓝色的。这样的房间让成年人感到不舒服和缺乏吸引力，而舒适的灯光和温暖的颜色就会使老师和孩子一样感到愉快。

虽然房间很亮，但是不能刺眼。因此最好的做法是在天花板和墙壁上安装灯具，结合使用这些灯。

墙壁的颜色应考虑用暖色调。我建议用绿色，因为绿色和运动室的主题最为贴切，让人仿佛置身于一小片森林当中。

具体思维空间

如果运动室不仅对孩子充满吸引力，而且让老师感到舒适，那么空间设计专家就会考虑他们感兴趣的方面，即运动和思维的关系。

一般来说，与在其他地方相比，孩子在运动室更能集中运用自己的身体。例如判断方向：向前向后、向上向下、向左向右。通过这样的做法，他们有了理解这个世界的物理学、数学或几何学的基础知识。他们不仅学到了平衡、摩擦和重力，而且体验到了重力和由此带来的快乐、紧张和害怕的感觉。

孩子体验基本情绪的能力与生俱来，如害怕、悲伤、生气和开心。这些情绪衍生出了其他的情绪，而产生其他所有的情绪的基础是体验过程带来的情绪改变。孩子通过先前的体验评价环境，也就是借助自己的身体作出反应：渴望喜欢的东西，避免不喜欢的东西。

身体和感受天生联系在一起，因此，运动的可能性特别是不一样的运动对感觉的敏感性和对感觉的区分非常重要。

身体和感受之间的关系的质量通过情感来表达。也许运动是孩子们不依赖于家长就能做到的最基础的一件事情，因此他们在运动中会表现出一系列的情感，特别是管束和放手之间以及关心和放任之间形成的紧张。

孩子们需要成人帮助他们一步步扩展行为空间，而不是因为矛盾而阻碍他们的运动。老师基于一段安全的或充满信任的关系的任务是帮助孩子争取独立，同时要注意孩子们的想法和他们的能力协调一致。

运动体验基于实际的活动，也基于对世界的想象，它们构成了孩子对自我和世界的基础描绘。

运动、控制行为和操作材料是孩子们的自我塑造过程的基础，他们对身体的感知自出生开始便在一步步完善。对于婴儿来说，身体感知是产生其他感知的基础。

舍费尔指出了运动和思维的基础关系，也就是语言和思维的关系。他和语言学家莱考夫（Lakoff）以及哲学家约翰逊（Johnson）[1]持一样的观点：语言建立在概念之上，概念通过空间定位、在与环境互动的过程中产生。

基本的语言习得基于日常生活中与其他人和物的互动，并包含实践知识。例如，我们说"介绍一下你自己"，或者"我发现"，又或者"兴致高涨"。"放置""发现"和"上升"这些抽象概念的词汇来自运动室。"身体体验和感官不仅构成了孩子的处世经验，而且构建了抽象思维的语法。行为是思维的一种形式，因此这不仅仅适用于孩子。"[2]

运动领域的专家教师不仅要满足孩子们的基本需求，负责他们的健康，而且要促进儿童个性发展，这是基本的职责。舍费尔指出："空间和运动体验越是差异化地发展起来，思维就越差异化。"

身体感知

- 皮肤感知，即触觉系统。
- 内部器官和对它们的作用的感知，没有这一感知我们便不能认识到心理状态和身体极限，即内脏系统。
- 肌肉记忆感知控制运动过程，即运动系统。
- 平衡器官的重力感知，即前庭系统。

室内材料检查清单

建筑工地——基本设备
- 不同长度的木板。
- 方木、半圆松木、双层砖形式的木桩。
- 魔术箱，也就是可叠起堆放的木箱。这种木箱表面有孔和裂缝，可将木板和方木插进去。
- 汽车内胎，公交车和拖拉机的轮胎。
- 帕子、毯子、垫子和泡沫塑料。

---

[1] Lakoff，G./Johnson，M.：Leben in Metaphern. Carl-Auer-Systeme Verlag，Heidelberg 1998.
[2] Schäfer，G. E.：Lernen im Lebenslauf. Bildung in früher und mittlerer Kindheit. Expertise für die Enquetekommission NRW. 2008.

用于上爬和下跳的设备

- 爬行墙和爬网。
- 升降设备和平台。
- 木条梯，用来爬上玩耍平台。
- 亨斯滕贝格项目提到的梯子。
- 弧形楼梯。
- 垫子。

用于摇摆和旋转的设备

- 轨道、转盘、弹簧钩和皮带，用于挂取不同的材料，如粗绳、绳梯和木条梯，吊床和吊椅、椰子围栏、治疗秋千以及内胎。
- 转盘是一项刺激游戏，能同时激活不同的身体感官。

用于藏身的设备

- 壁龛、各种洞和坑。
- 运动游戏平台的鸟巢。
- 多功能的免费材料，如纸板、绳子和帕子。

通道设置

- 孔。
- 隧道。
- 水平安装的爬网。
- 游戏桥。

多功能性问题

如果运动室拥有独特的建筑风格，那么它也能变成具有典型特点的房间。这里有一个非常好的例子，即圆形房间。虽然这样的房间很好看，但却被证明完全不合适。作为运动室，这样的房间的隔音效果非常差，也根本不可能对它进行区域划分，因为一切区域都自动处于中心位置。

多功能房间要避免不合适的建筑风格，以免在日常生活实践中带来问题。一般而言，仅是对多功能性的约束就阻碍了房间实现其最重要的功能，即满足儿童的运动乐趣。

该房间也供成年人使用，以从事完全不同的活动。这通常意味着孩子被禁止使用一些设备，于是就会出现两种情况：不放置成年人使用的设备，或在成年人需要使用相关设备时，老师必须花费很多精力拆卸和组装设备。

因为孩子运动时需要的肋木或爬行墙及秋千木板和成年人的审美发生冲突，所以在这里就不会安装这些东西。这样做的结果是这样的房间只对成年人是多功能的，即成年人使用了孩子的房间以达到自身的目的。

反之也不成立，至少在促进儿童成长过程的空间上并非如此。房间的设计不应这样无聊，以至于成年人仍然认为它具有代表性。

也许孩子和成年人的利益不能排除在外，建筑师、经验丰富的室内设计师和老师进行合作才能找到满足所有人需求的解决方案。但我没有看到任何一个案例在这方面做到了平衡，成年人的代表性利益总是被摆在第一位。

或许我们无法调和不同空间使用者的利益，除非成年人改变他们的审美并且接受孩子眼中的空间。

塑料彩球浴

我不建议使用塑料小球，因为这种小球是空心的，发生碰撞时声音非常大。此外，这种小球非常轻，还能滚动，鲜艳的颜色、吵闹的声音和能滚动的特性会过度刺激孩子的视觉、听觉和前庭系统。此外，因为它们是塑料制成的，所以触摸感不佳，即使皮肤接触到也不会令人感到兴奋。

塑料彩球浴充满着吸引力，孩子可以像跳进水里一样跳进这些彩球中，之后彩球让他们处在不同的姿态，使他们很难控制自己的身体。

塑料彩球浴或者疗养球浴的想法源于特殊教育。为了让严重残疾的成年人体验到"躺在水中"的感觉，便设计出了这样的方式。

身体健全的孩子们不需要任何刺激。相反，当他们不是被动运动而是自己主动运动时、当他们的听觉和视觉受到轻微刺激时以及当他们能激活触觉感受时，他们能够更好地调动感官，因为对他们形成刺激的材料通常具有舒适的特点。根据我的观察，小一点的孩子不喜欢被放在彩球浴缸里，而大一点的孩子则喜欢这样做，只要浴缸里有足够多的彩球。但这样的彩球浴缸非常昂贵。

我不会购置塑料彩球，因为这不是一项新的运动，孩子只会把其当成一种嬉闹的游戏。

如果日托中心内有塑料彩球，我建议先观察一下孩子的行为，注意一下声音大小和其他由此带来的不良影响。例如，孩子是不是将塑料彩球扔得满地都是？这样的话，人们也许可以更好地使用这个空间。考虑到这些，就能知道是否要保留这些彩球。

我建议和我共事的日托中心团队人员远离这些彩球。人们可以将一部分彩球放进被套，改造成一个软座椅。如果有个大木箱，人们可以将枕头或毯子放进去，这样就变成了一个休息和躲藏的地方。它可以让孩子安静下来，而不是吵闹嬉戏。

当然，嬉戏也是一种运动。

室外材料检查清单

- 木板、方木、木制栈板。

- 木桩、树根周围的一圈土。

- 饮料箱。

- 塑料桶、双把大木桶。

- 电缆盘、排水管、流水管。

- 连接件。

- 软管、粗绳、细绳。

- 汽车轮胎。

画室和书写室

　　甚至很小的孩子也喜欢留下自己的印记，法国精神分析学家达尼尔·维特勒谢（Daniel Widlöcher）对此作出了解释，他的解释与我的阐述相符，令人信服：孩子对留下持久的印记非常感兴趣，因为图形印记的持久性使他们感到特别高兴。这些图形印记和一下子就消失的声音是不一样的……图形印记能长久保存，这成了孩子们快乐的源泉。在孩子们看来，它们是自己第一次作出来的东西，是脱离自己而真实存在的物品，也是自己的"替身"[1]。

　　如果我们不将孩子最初的创作误认为是乱涂乱画并能观察他们主动做了些什么[2]，那么我们可以看到，在大多数情况下，他们会先用手和液体颜料而不是笔开始他们的创作。显然十分清楚的是，他们将身体作为画画的工具。然后再讨论材料的选择，人们可以观察到，他们使用材料的时间长度和专注度与材料的可操作性有关。当孩子们能够熟练运用材料如自己的手或粗画笔，并使用柔软的、可变形的或流体的颜料助剂时，他们便会全身心地投入到画画上[3]。

① Widlöcher，D.：Was eine Kinderzeichnung verrät. Fischer Taschenbuch，Frankfurt am Main 1984，S. 32.

② Richter überschreibt ein Kapitel：»Schmieren und Sudeln oder die (ungeschriebene) Vorgeschichte der zeichnerischen Entwicklung«. 参见：Richter，H.-G.：Die Kinderzeichnung. Schwann，Düsseldorf 1987，S. 23f.

③ von der Beek，A.：Pampers，Pinsel und Pigmente. Ästhetische Bildung von Kindern unter drei Jahren. Betrifft KINDER extra，verlag das netz，Weimar/Berlin 2007.

从涂色到画画

一般而言，孩子们被禁止使用液体材料"乱画"，所以他们"乱画"的后果便是成人认为他们应该学会用铅笔。现在，人们将孩子的这种早期绘画方式称为涂鸦，并对"线条涂鸦"和"色彩涂鸦"作了细微区分。孩子们第一次用笔是不灵活的，因为笔不适合作为最初画画的工具。如果被允许，他们会选择先用整个手掌画画，然后用手指，再之后用粗画笔，最后用铅笔。

用手或至少用画笔画画使用的是液体颜料，但是铅笔比液体颜料更加干净，这可能是大人们给孩子铅笔的主要原因。如果不想让液体颜料弄脏日托中心，就必须重新定义空间：空间不能再让人想起起居室，而必须是人们愿意待在那的画室，因为在那里看起来像是在工作。为了满足孩子的创作意愿，这个想法是重要的一步，并会引起有益的改变。在一个被允许使用液体颜料画画的空间里，必须要安装水龙头和水槽，否则老师为了保持房间干净要花费很大的精力，这可能会导致孩子很快不能再画画。

画室配备水龙头和水槽

在我的印象中，没有水龙头和水槽的画室不能长时间使用。如果没有这样的设施，就会限制孩子们的选择可能性。他们只能画"干画"，只有获得了特殊的机会才能画"湿画"，这样的作画机会通常与人员配置有关。当前，德国各州的日托中心存在老师人数和孩子人数比例不协调的情况。我们需要智慧，至少在技术设备层面做到可以做的事。在新建一所日托中心时，一开始就要考虑在画室安装水龙头和水槽。

怎样将群体空间改造成画室？花一点时间在每个群体空间内打造一个小厨房。如果原来的小厨房没有拆除的话，可以改造成画室的湿画区。这样，有多年工作经验的同事仍然可能知道墙上接线的位置，因此可以再次找到它们。

在画室安装水龙头和水槽之外，有另一种低成本的做法：盥洗室的自来水连接管可能位于画室的墙后，这样就可以在墙上钻洞，然后将水槽安装在画室的墙边。

我建议在选择画室区域时优先考虑水路连接，如果在一个可轻松连接水管的较暗的房间和一个远离水管的较明亮的房间之间作选择，我会选择前者。

如果人们想要进行开放式教育，并且能够将一个小组活动室改造为画室，应该选择一个靠近卫生间的房间。这样便可打通画室和卫生间，然后在画室安装水龙头和水槽。在没有其他办法的情况下，卫生间的盥洗盆同样可供画室使用。如果画室周围没有用水的地方，那么我建议设置一个临时水龙头和水桶，例如

露营用的水桶，这样的水桶可在建材市场买到。再放一个水桶来接废水。

我经常被问到，这样一套用水设施的高度应该根据孩子的身高还是成年人的身高来设计。我赞成后者，因为老师用水和孩子一样频繁，还需要打扫卫生。而且孩子借助辅助工具也能达到成年人高度，但是如果老师经常弯腰的话，那肯定会腰疼。

在"汉堡空间布置方案"的框架下，我们想出了以下的方法解决用水设施问题，让孩子和成年人都能用水：首先安装一个成年人高度的水槽①，水槽的两边是架子，架子最上面的平台是沥水板和物品放置

区，主要用于放置不同的材料。在木板和各层架子上可以放置孩子画"湿画"的材料：杯子、抹布、画笔、颜料、纸……如果孩子要用水，可以在最底层装一些抽屉。若能将盥洗盆安装在靠墙放置并在边上放一个简单的架子，当然就更好了。以上做法虽然减轻了成年人的工作，但是还不够。

湿画创作区

为了使孩子每天能选择不同的活动，应该在画室内设置一些不同的空间中的空间。

湿画区、干画区和黏土区是基本的空间设置。我

---

① 非常重要的是工业化制造的水槽或卫生间的洗脸池，而非洗手池。幼儿园不需要像学校和成人大学那样安装配有沉淀设备并可用来沉淀大量的颜料残渣的昂贵的水池，因为每天幼儿园都会有许多人使用。

推荐这样的区域设计，因为这考虑到了涂色、画画和做泥塑等孩子们能做到的事。此外，这些事分别归属于绘画、素描和雕塑三种经典的艺术种类。

与群体空间相比，画室能给孩子提供更多的材料。但是必须要保证孩子能有更多的活动机会，老师也要能在一旁照看。在我的印象里，布置良好的环境、制定并遵守规则和注意老师的干涉程度是三个有利因素。

一个合适的环境对孩子画湿画特别重要。用水设备离得越近且越具有实用性，老师照看孩子的任务就越轻松，并且老师不会因为发生意外情况而不断干预孩子。我最初在瑞吉欧幼儿园看到的画架非常适合用来画画，这种画架的稳固性使它不同于艺术家的画架。此外，它底部带有木盒，画画时，画板上的液体颜料可以流到里面。

画架采用双面设计，两个孩子可以一人一面同时画画。两块木板用长合页排铰链连接起来，每块木板上都装了一个钩子，以防两块木板滑落。这样，一个双面画架就制作完成了。木盒被安装在木板底部，即脚上方的位置。这样，小一点的孩子也能像大一点的孩子一样使用画架画画，并且画架尺寸可大可小。此外，最好用胶带将纸固定在画板上。

这样的画架具有一大优点，即人们可以将其合拢放置在一边。如果画室的空间太小，人们可以随便借

助一面墙设置一片专门放画架的墙边区域，像瑞吉欧机构的做法一样。这样，一块简单的带有木盒的木板就可以轻轻靠墙放置。

用水设备、画架和孩子每天用液体颜料画画的桌子，组成了湿画区的绝佳作画环境。记录每个孩子画

二，拉在房间内的绳限制了孩子的活动自由，并且挡住了老师的视线。

图画可以横向插进画板架，层层放置的方式能节省空间。和日托中心家具供应商提供的金属干燥架相比，这种画板架功能更多，因为晾干湿画的底座木板的用途多种多样。孩子可以将它作为一个底板带到任何地方，然后直接在上面画画。在纸上，他们可以随心所欲地画画。画完之后可将画板放进画板架，把画晾干。

人们可以自己制作这样的画板架或请木工制作，将两块木质的画板插进由方木制成的画板架中。理想的情况是：在桌上画画的画板要达到德国工业标准 A4 或 A3 大小，在画架上画画的画板要更大。而日托中心需要这两种规格的画板。

如果没有干燥设备来放置大画纸，那么孩子很少会在画架上画画。因为大画纸需要在画架上晾干，会占用画架。这样做的潜台词是："孩子们，好好晾干你们的大尺寸绘画。"

超过 A2 大小的画纸可以放在金属底板上，日托中心家具供应商会提供这样的材料，通常可将金属底板安装在墙上。人们也许会将存放绘图纸的矮橱柜的抽屉抽出，并放进干燥木板，这样就改变了橱柜本来的功能。或者像"汉堡空间设置方案"那样，在用水设备旁边的沥水板下面放进一个带木板的架子，这样

画位置的画板适合放在桌子上，并且这些画板也可作为晾湿画的底座，可以将它们推入画板架晾干，这解决了没有地方晾干湿画的难题。

许多老师通常都是拉一根绳将画晾干，一幅幅画就像是湿衣物一样被挂起来。我认为这种做法有两个缺点：第一，当画纸挂起来时，颜料会往下掉；第

画纸就可放在木板上晾干。

在画室，基于各种各样的理由，老师要考虑到孩子使用的颜料。为了每天给孩子提供绘画用具，老师必须要找出哪些颜料是孩子可以独立使用的。根据我的想法，标准的绘画用具如水彩、画笔和玻璃杯不适合幼儿园的孩子。水彩只能给小学生用，它的颜色不浓，取用时用画笔蘸颜色盘中用水稀释过的颜料。画

水彩画的前提是能遵守规则，但小孩子很难做到。清洗并晾干画笔需要一定的纪律性，而这通常只有大孩子才能做到。对小孩子来说，还有一种选择：用一支画笔去蘸所有的颜料，并只在各种深浅不一的棕色的有限色谱范围内进行选择。

应该给孩子提供液体颜料，而不是必须加水稀释的颜料。我建议将颜料从盒子中取出，放进玻璃杯并加上一点点水，使挤入的颜料溶解，变成流动的液体。为了使颜料不变质，通常不能将玻璃杯密封保存。但玻璃杯内的水会慢慢蒸发，你可以重新加水。这样，适合小学生的"丙烯颜料"就变成了适合日托中心孩子的"玻璃杯丙烯颜料"。有两个理由支持这一做法：更加适合小孩子操作的液体颜料不会"自动"混在一起，并且可以更好地保留颜色的光泽。

孩子非常喜欢鲜艳的颜色。当人们关注有关颜色的讨论时，可以对维特勒谢的话——图形印记的持久性使他们感到特别高兴——进行补充：鲜艳的颜色会让他们感到特别快乐。

人们应该这样营造画室湿画区的环境：每天早上将放有画笔的玻璃杯放在画架底部的盒子里，然后将画纸用胶带固定在画板上，在"湿画桌"上摆上液体颜料、画笔、画板和画纸。

画室准备越充分，这些工作就能越快完成。如果玻璃杯、画笔、画板、画纸和胶带放在固定的位置，

那么老师和孩子都不必浪费很多准备时间。通常，我听到主要是那些在幼儿园待了较长一段时间的孩子乐意加入到准备工作中，或者每天上午负责准备材料，因为他们知道这些东西放在哪儿。

根据我的经验，为每一种颜色配专门的画笔是合适的。这些画笔——最好是鬃毛画笔——不能太细，但最重要的是经久耐用。每个颜料罐里放的画笔粗细不同。

在颜料罐内，除了供小一点的孩子使用的鬃毛画笔外，还要准备带有尖头的毛笔，这是为大一点的孩

当时四岁的西亚发现了不同的颜色。我在这里仅引用她写到的一部分观察结果。

西亚来到画室，她喜欢用浓的颜料画画。她换上了画画的专用服，然后开始画画。

我必须去看一眼小组活动室内的孩子。当我回到画室的时候，发生了以下对话：

西亚："索尼娅，我发现了其他的颜色！"

索尼娅："你自己发现的吗？"

西亚："是的，绿色和橘色。"

索尼娅："你是怎么发现绿色的？"

西亚："首先用蓝色，然后是绿色。不，先黄色，然后蓝色，混合在一起就变成了绿色。"

索尼娅："那你怎样发现橘色的呢？"

子准备的。

选择颜色要谨慎，三原色（红色、黄色和蓝色）、黑色以及白色就足够了。运用这些颜色，液体颜料可以产生其他的颜色效果。孩子们会发现，将颜色混合就会产生其他颜色。

在这里有一个例子：索尼娅·哈根是位于雷肯费尔德的圣弗朗西斯科日托中心的一名老师，她写道，

西亚："我先用了红色，然后是黄色，它们混在一起就变成了橘色。"

西亚又将一些颜色混合，变成了灰色。

索尼娅："你还能发现其他的颜色吗？"

西亚："可以，浅橘色。但是要先用黄色再用红色。"

西亚伸出从玻璃杯中蘸满蓝色颜料的手指，然后又取了点红色，用手指慢慢将这两种颜色混合。突然，她开心地说："我发现了紫色！"

现在她将红色、黄色和蓝色混合在一起，变成了淡褐色。

西亚："索尼娅，你能给我白色吗？"

索尼娅："你要白色干什么？"

西亚："因为我想把其他颜色和白色混合，看看会变成什么颜色。"

我给了西亚一小碟白色颜料粉末和浓稠的液体颜料。西亚把液体颜料倒入粉末中，用一个小勺子搅拌，然后产生了一种浓稠的白色颜料。

西亚："这种颜色比其他颜色要深。"

西亚用手把白色颜料涂抹在纸上，然后又往纸上涂了红色。

西亚："刚才我还看到白色，现在白色不见了。出现了一种新颜色，现在变成了粉红色！"

西亚用相同的颜色做了两遍。

西亚："刚才是粉红色，现在我要把蓝色和白色混合，看看出现什么颜色。是浅蓝色！"

西亚用相同的方式混合了许多颜色，每次看到纸上的颜色她都开心极了。费莉齐阿走过来看西亚。

费莉齐阿："西亚，你做完了吗？现在我也想试一次！"

西亚："没有，我还想多玩几次。我已经作出了紫色，现在我想把蓝色和红色混合。快看！紫色，又变成了浅蓝色。白色和蓝色放在一起会怎样呢？看！这么快就变成了浅蓝色。我现在要去吃早饭了，吃完后我还会再来的。"

经过观察，索尼娅若有所思地写道，当听到西亚说自己发现了颜色时，她感到十分吃惊。于是她决定近距离观察西亚，看看西亚究竟在想什么。她看到西亚不停地把不同的颜色混合。西亚的记忆力非常好，能记住自己混合了什么颜色，知道各种颜色的名字和深浅。

索尼娅惊讶地发现，西亚能在很短的时间内知道将什么颜色混合会产生什么颜色。令索尼娅印象深刻的是，一段时间后，西亚意识到不可能再用手头的颜色产生新的颜色，于是她要求得到一种完全不同的颜色，也就是白色。这样，她就会得到许多其他的颜色。

索尼娅的例子表明了空间和材料——准备好的空间环境、时间（西亚能在这段时间做原先计划的事）——与发生在西亚身上的学习过程之间的相互作用。像西亚一样，如果每个孩子都能得到这样的材料，孩子们混合颜色的实验就不会停止。但是，只有当我们仔细观察和聆听时，才能确定这一点。

老师能支持西亚并对她所做的事感兴趣，这对西亚来说非常重要。虽然即使老师没有时间在一旁关注，西亚也可能会继续做下去，但是她不能分享她的快乐，也无法确认她的做法是否正确。

这就是我们成年人最大的损失，我们原本就错过了许多可以关注孩子想法的机会，我们没有亲身参与体验过孩子们是如何在具体的行动中形成对材料功能的进一步认识的[①]。

糨糊桌子

当孩子留下可见的印记时，他们会感到高兴。所以我建议准备一张"湿画桌"和一些其他的桌子。他们不必每天在桌子上用自己的手指、糨糊或刮胡子的泡沫来画画，但是可以分时间段这样做。糨糊可作为一种黏合剂，放在画画角或画室。

---

① 老师研究颜色的另一个原因是它的艺术意义，更加准确地说，在审美教育过程中将颜色的意义作为一种设计手段。这一点我会在"老师的角色"（第187页）中讲到。

一般情况下，我们可以观察到孩子不仅把糨糊作为一种黏合剂，也喜欢用在其他材料上。因此，我建议可以准备大量的糨糊。

对此，老师要用一个罐子来搅拌糨糊，然后分给孩子们，他们用手把糨糊摊在桌子上。只有当孩子用这种白色的颜料做实验之后，才会渐渐往里加入颜色。我建议可以放慢速度，只给孩子们一种颜色，观察他们的反应，然后再慢慢给他们更多的颜色。如果只提供三原色，孩子就能亲身体验到所有其他的颜色都能从这三种颜色中产生。

糨糊不仅可以让手掌进行大面积混合颜色，孩子的整个身体在这个过程中也都在运动，而且能激发孩子画出不同的图案。我们经常可以观察到，孩子灵活地运用双手在桌上尽情移动，兴奋地用手涂抹，最后集中用一根手指画画。

如果这样的糨糊桌子成了画室的常用设备，孩子们就会在桌上写自己的名字。比起用笔在纸上写字，在有颜色的糨糊上写字更加容易。最重要的是，糨糊

167

是可以改变的。手一移动，所有的痕迹都被擦掉了，然后又可以重新开始。

我推荐使用糨糊而非颜料，因为糨糊用途更广且物美价廉。就像液体颜料的黏合剂一样，糨糊特别适合用来做实验以及作为画画、写字的基础材料。在做实验时，糨糊的黏稠度非常重要，要尽可能不稠不稀。作为颜料粉末的黏合剂，糨糊的黏合效果非常好。

颜料粉末是一种色素，更准确地说是一种着色物质，通常为粉末状。人们可以从美术用品商店大量购买它，但在这之前应该少买一些试试，决定选用哪种颜色，然后再把颜料粉末和糨糊混合。

为了不使用日托中心材料供应商提供的常规的画画和做手工的材料，我建议看一下美术用品批发清单。如果谁住在靠近美术用品商店的城镇，他就应该在那里购买材料。而且根据我的经验，通常美术用品商店的店员会给出一些建议①。

准备和清理糨糊桌子对于老师来说是一项费力的工作，因此我建议用泡沫啫喱代替糨糊。与糨糊相比，泡沫啫喱用途不广，但它的优点是很容易从桌子上和孩子身上清理掉。

为了使孩子最大程度地感受如皮肤这样的感官，特殊教育和康复治疗会用到糨糊和泡沫啫喱。在画室

① 可以要求让 Boesner 和 Gerstaecker 两家公司提供全面的美术用品目录，我在这两家公司有过很好的经历。它们既是发货商也是批发商，在许多城市可以直接在它们那里购买产品。

提供这样的材料，就可以将感官感知和动手能力相结合。因为孩子们的反应可能完全不同于预期，所以要提前考虑允许和不允许他们做什么。

有些孩子非常喜欢做实验，还特别喜欢脱衣服。如果出现这种情况，人们可以让他们在浴室中玩耍，这样他们就能体验到皮肤触觉。但是在画室，如果出现这种情况，孩子要脱掉上衣，因为穿着便服创作更容易。

除了干劲十足的孩子，还有一些小心翼翼和表现拘谨的孩子，他们只是在一旁观看。我们应该尊重孩子的不同行为方式，观察是了解不同性格的孩子的巨大差异的一个方法。

但这毕竟只是一个建议，没有一个孩子必须去玩糨糊或泡沫啫喱。有时候，孩子会因为长时间表现拘谨而导致不想玩任何材料。但是未来某一天孩子会主动去玩，因此供应材料的频率对此有极大帮助。孩子们越是每天进行活动，就越容易感受到自己的节奏，老师只需耐心等待孩子自己成长。

黏土桌子

为了让孩子能够进行立体设计，每天桌子上都会出现几大块黏土，孩子可以在桌上用黏土做实验——不管是用何种方法。

只有巨大的黏土块才能刺激孩子们的感官：他们

用手拍打黏土，查看黏土的表面和坚固性，检查黏土是否光滑；将手指插进黏土，闻气味，试着举起来，再松手让其掉下来，然后加入其他的材料做实验。有时候，他们也会爬上桌子，用脚感受黏土。

大多数时候，孩子把一整块黏土撕扯开，分为几小块。撕扯后产生的小块黏土的形状是随机的，这些黏土要么不再使用，要么继续在此基础上捏出其他的形状。孩子可以自己捏出"初始形状"为圆柱形或球形的小块黏土，圆柱形可以捏出蛇或蜗牛，球形可以捏出小球或小人。

孩子自己捏出来的黏土形状能长时间保持不变，从而变成一个个故事或建筑物和风景画。孩子们命名他们的作品，一起游戏，促使对方讲出各自作品的含义，并且继续创编新故事。

把黏土放在桌上，孩子就很容易拿到。这可能是老师和孩子之间的一种短期或长期合作，直到孩子们做出一件团体作品。孩子们早就注意到，他们可以随心所欲地用黏土做实验。这不是说他们最后拿着自己的作品回家，因此要约定好一个时间，把分开的黏土再次组合在一起，变成一块或多块大黏土，然后再放回容器中。在特殊的情况如有项目要求的情况下，孩子可以将这些小作品或类似的小东西保留下来。这样的话，黏土不能烧制，而是要自然干燥。日常使用的黏土不需要窑炉。

黏土有许多优点，我认为最大的优点是多功能性，它和橡皮泥不同。许多幼儿园喜欢用橡皮泥来代替黏

土，橡皮泥比较干净，小孩子需要的用量也不大。

黏土以每份 10 千克的重量单独包装。因为黏土物美价廉，所以可以大量购买 ①。因此孩子可以不知疲倦地玩黏土，将所有的力气放在上面。其他的孩子扯下一块，然后耐心地组合成一个迷你模型。如果把一整块黏土放在桌上，就需要孩子共同协作。专门存放的黏土可以独立加工。

黏土太硬了，孩子们需要大人的帮助。自然产生的、易于加工的和不伤皮肤的生物橡皮泥的软硬程度与黏土完全不同，使用它更像在使用面团一样的材料。

因为在日常生活中应该为孩子准备这样的黏土桌子，以促进孩子的动手能力，所以我建议不要使用橡皮泥的替代品——咸面团，也不要使用所有与之类似的团状物。擀面杖和模具要在烘焙时才使用，不要放在画室。

还有一个建议：往黏土中加水要谨慎。当孩子用水和黏土做实验时，清洁工作量非常大。这就导致很少有人提出这样的建议，而且也与黏土桌子的理念相矛盾，这样的做法不适合每天都要使用的黏土桌子。

根据我的印象，孩子们不一定需要水，除非他们在室外玩黏土。在室内，放一碗水就够了。

① 10 千克黏土的批发价格在 6 欧元到 7 欧元之间（2010）。

就我的观察，孩子不借助辅助工具能做更多的实验。如果画室有梳子或小木棍和小石子、贝壳或羽毛等天然材料，但不像日常材料一样放在桌上，那么孩子就可以更清楚地决定是否去使用它们[1]。

以下这些数字被证明是有道理的：10 千克的黏土应该只分给两个 3～6 岁的孩子，20 千克的黏土应该放在适合 4 个孩子使用的桌子上，30 千克的黏土要放在 6 个孩子使用的更大的桌子上。

黏土有粗粒和细粒之分，人们可以在不同的种类中进行选择。有些种类的黏土加工起来比较容易，有些则比较困难。我建议使用不同种类的黏土，然后观察孩子如何使用它们。如果孩子可以每天使用黏土，那么这通常就没有问题。

黏土最好保存在桶里或箱子里，再拿一块没有湿透的帕子盖在黏土上，最后盖上盖子，以防止黏土变干，但是容器不能完全密封。如果不经常使用黏土，那么帕子要经常保持湿润。如果每天都要使用黏土，则遇到的问题最少[2]。

放黏土的桌子的高度要达到孩子站立时可以操作的高度。此外，桌子的表面要足够结实，这样孩子们就可以用刮刀将桌上的黏土刮下来，他们通常很喜欢这样做。

防水桌布容易滑来滑去，并不实用。

画画区和手工区

上文我已经讲过了湿画区和干画区。这一常用的叫法是我从童格恩日托中心团队那里学来的，他们将画室用来画湿画的角落和用来画干画的角落区别开来。虽然在每一所幼儿园，用来画画的角落都叫画画角，但是传统上，这样的画画角指的是画铅笔画的地方，而非用画笔和液体颜料画画的地方。为了清楚地说明铅笔画和湿画一样重要以及涂色从发展的视角来看是先于画画的，我对湿画和干画作了区分。更准确地说，对绘画和铅笔画作了区分。

画纸和彩笔要放在准备好的画画区。在画架前、黏土桌子旁和糨糊桌子旁，孩子都是站着的。但是在画画区，孩子通常可以坐下来。"写字和画画需要坐下来，这是一项凸显上半身力量的活动。"[3]

不一定非得使用椅子，凳子使用起来更加灵活，人们在任何场合都能用到。凳子比椅子轻，因此可以

---

① 我推荐该书：Arzenbacher，D.：Das Tonheft. verlag das netz，Weimar/Berlin 2008。
② 可参考：Bostelmann，A./Metze，T. (Hrsg.)：Die Töpferwerkstatt. Don Bosco，München 2004。
③ Marbacher-Widmer，P.：Bewegen und Malen. Verlag Modernes Lernen，Dortmund 1991，S. 16.

轻松移动。当孩子注意到站着比坐着更自由时,凳子就经常会成为路障。

因为画室的椅子会造成干扰,并且每所日托中心都配备了许多这样的椅子,所以与我共事的日托中心团队的做法是将椅子靠背锯掉。这种"新型"凳子也许看起来有些奇怪,但却满足了他们的需求。常规的日托中心木质椅子经得起改造,并且变成凳子之后使用起来更加方便。

如果日托中心空间足够,那就可以摆上一张桌子用来画画,最好再摆上几张桌子用来贴贴剪剪。这是根据老师的反馈提出的建议,因为做手工和用糨糊的孩子会打扰到画画的孩子。如果放不下两张桌子,就一定要与孩子商量。但是我发现,区分画画区和手工区非常有意思。

如果画室空间有限,那么我建议把干画区设置在窗边。可以直接使用低矮的窗台或安装一个狭长的窗台板,有时还可以安装一个厨房操作台。

如果把干画区设置在窗边,即使孩子并排坐在一起也能节省空间。我认为并排坐没有任何问题,因为画室还有桌子,孩子在桌旁可以面对面坐着或站着。

在画画区,应该检查彩色铅笔。根据我的印象,通常会有许多没有削尖的彩色铅笔放在那里。我总是看到塑料碗里装满了碎铅笔和钝铅笔。

彩色铅笔的数量无论如何都要减少一些。人们可以根据颜色分类把铅笔放入玻璃杯中,这样每个孩子就能使用所有颜色的铅笔或者在必要时由两个孩子共同使用。

我建议使用有颜色的画笔,这样虽然不环保,但

是孩子能更好地分清颜色，并有意识地选择画笔。考虑到这一点，我能接受这样的画笔。

因为在实践中没有证明将根据颜色分类的彩色铅笔直接放在桌上是正确的做法，所以我赞成基尔市斯托茨街道日托中心的做法：将彩色铅笔按颜色分类放入玻璃杯，然后将这些玻璃杯粘在木板上。这块木板可以借助一个圆盘转动，这样每个孩子都能用到不同颜色的画笔。

彩色铅笔和墨水一样，乍一看没有那么容易处理。所以我知道有些幼儿园会使用粗的彩色铅笔，我认为这是个好主意。

此外，孩子还可以用其他的材料画干画，常规材料如蜡笔也是除彩色铅笔之外的选择。虽然蜡笔是为小孩子准备的，但据许多老师反映，小孩子为了能

够画画，必须花费许多力气使用蜡笔。而用艺术蜡笔在纸上留下痕迹，对孩子来说则轻松得多。所谓艺术蜡笔也就是油画棒和粉蜡笔，是没有木质外壳保护的"彩色铅笔"，整支笔都能用来画画。但它比蜡笔更容易坏，而且会弄脏孩子的手。这也许是在日托中心很少用它的原因。

尽管如此，我还是建议使用颜色明亮的油画棒和粉蜡笔以及彩色铅笔。这当然不是因为要教会孩子用油画棒和粉蜡笔来画画，而是希望孩子们能够对不同画画材料的性质产生兴趣，他们可以用这些材料做实验。

如果蜡笔断了，也没有问题，因为被折断的部分也可以画画。断掉的蜡笔可以放在盒子里，并放满大米。

孩子使用蜡笔来画画，必须要有大人照看。需要

有一位老师观察孩子用粉蜡笔或铅笔画画，如果孩子往自己身上或墙上涂颜色，那她必须要介入。老师必须要与孩子协商制定规则，并使其遵守。

画画通常和做手工联系在一起，孩子会将画出来的东西剪下来，然后把它们粘在一起。几乎所有的孩子都是充满热情的手工爱好者，他们喜欢玩一些小东西和糨糊，然后制作出立体的图像。因此在我知道的一些日托中心准备了免费的材料，大部分材料都是包装材料，但也有卫生纸卷、糖纸或金属瓶盖。至于糨糊，我推荐使用无溶剂的。

我会把糨糊放在桌子上，让孩子们画画。这样就只需清洁桌面区域，而且孩子也能更加自由地使用。

我建议，在孩子成长的每个阶段选择手工材料要非常讲究。与卫生纸相比，用平整的糖纸、袋泡茶包

装纸、礼品包装纸的剩余部分、用过的礼品包装袋和小盒子作出来的东西看起来更有趣。

通常或在很长一段时间内，大部分孩子使用剪刀只是为了剪纸。

莫里斯："索尼娅，快看，我画好了。"

索尼娅："你终于画好了！画了一早上，连早饭都没吃，你一定很累了。愿意给我讲讲你的画吗？"

莫里斯："好的，这些黑色的东西是各种各样的鹅卵石和小碎石。"

索尼娅："小碎石是什么？"

莫里斯："小碎石就是小碎石嘛！我可以找一

175

块这样的石头给你看。"

索尼娅:"这样最好了!"

莫里斯:"我在上面画了各种各样的沙子,中间的是多斯滕的沙子,这种沙子和外面的沙子是一样的。两个木桩之间拉了黑色的绳子,这样挖掘机司机就能知道往哪挖。这里是沥青,这些是粉末,还有一些鹅卵石。沥青用来铺马路,这辆挖掘机是履带式挖掘机。其他部分是我的秘密,我不想说。"

索尼娅:"你不用什么都告诉我,我觉得你刚才说的非常有趣。"

莫里斯:"我可以把画挂在软木板上吗?"

索尼娅:"当然可以,你可以帮我一起挂。"

据老师反映,孩子们不喜欢用剪刀。根据我的印象,这与提供的手工材料有关。这些手工材料没有带来预期的成果,并且导致了失败的体验。

如果人们在画室有意识地观察孩子,就很可能发现孩子能熟练使用自己找来的材料,即使是剪刀。在画室令人兴奋的环境下,孩子们不断用手操作、重复做某件事、变着花样使用材料并观看其他的孩子。一些刚开始使用的材料之后又会被拿来使用。

虽然孩子们是充满热情的手工爱好者,但是他们不能自己完成在手工书上看到的手工作品。因此,我建议不要用这种手工指南。这些书不利于发挥孩子的创造性,也会让老师处于不必要的压力之下,即做一些季节性主题或基督教主题的手工作品。没有必要用孩子或老师的手工作品装饰房间，不参照手工指南，孩子制作的手工作品也可以拿出来展示。但是，这些手工作品往往不能满足成年人的要求。

■　可以用一面软板墙来展示和记录孩子的手工作品，而不是用孩子可能会喜欢的手工作品装饰房间。

　　为了不产生误解，在此我要强调，我并不反对庆祝基督教节日及其他习俗性节日。即使不做手工，也可以庆祝这些节日，不一定非要让孩子参与。根据我的印象，每到特定节日，每一所日托中心都会有老师为房间做装饰。喜欢装饰的人知道，应该尽量简化装饰且不要投入过多宝贵的时间，不负责装饰的同事也应该与团队进行商榷，来负责其他事情。

■　如果画室有足够的空间来安放软板墙记录孩子的手工作品，就最好了。我觉得白色的软板比木质的要好，前者是中性材料。根据我的经验，硬质泡沫塑料制成的白色绝缘软板非常合适，人们可以在建材市场买到这种绝缘软板，它有许多优点：能吸声，一点都不引人注意，并且便宜、好操作。人们可以用图钉固定想挂的东西。

　　此外，孩子的作品还应放到入口区、大厅和走廊。在这些地方，安装能吸声的软板非常有帮助。

　　为了在画画区和手工区营造一个好的环境，应该将放有材料的架子放在桌子或窗台的旁边。这样做是基于最短路线原则，如果考虑到这一原则，孩子们

就能集中精力，并且不会互相打扰。只有当他们想要去拿不方便拿到的材料时，才会打扰到别人。有意识地观察孩子在做什么，有助于我们找到满意的解决方案。

　　在房间里摆上架子，可以将房间变成一个空间中的空间。这样切分空间可以帮助孩子集中精力，也

能更加容易拿到材料。这些架子非常实用，因为两侧都可取放材料。但是架子要足够高，这样孩子才能注意到。

矮橱柜也适合用来切分空间。虽然它的缺点是大孩子可能会忽视它的存在，但是它的优点是有一个后壁，这样材料就不会掉出来。

架子至少一侧封闭，这是合适的，并且封闭的一侧最好使用有机玻璃材质。可切分画室的双层长架子的左右两侧要封闭起来，这样就可以从架子前面一侧取放材料，而且材料也不会掉下来。

为了让孩子可以充分利用架子，架子上应该摆放多种材料：生活材料、自然材料、收集物和捡来的小东西。这些材料不仅种类非常丰富、多变和便宜，而且大部分很容易弄到。但是，让孩子随时使用所有材料是否有意义？这取决于许多因素。如果日托中心有许多三岁的孩子或者许多孩子刚开始在这生活，那么通常在一开始要减少材料，随着时间的推移再增加材料。有的物品对许多小孩子充满吸引力，如沙桌或者一只放有豆子的大碗，他们就不会将这些材料清除、倒掉或混合在一起。

孩子们只会使用自己身边可以找到的材料，并且当材料一目了然地摆放在面前时，他们要做的只是选择。因此要收集一定数量的免费材料，将它们放在瓶子、箱子或篮子里。如果将储物容器放在孩子能看

到的底层架子上，那么这些容器就不能是透明的。透明的容器要放在高处，这样孩子一眼就能看到里面是什么。

根据我的经验，密封的大口玻璃瓶适合用作储物容器。这种玻璃瓶的瓶口可以使装在里面的东西被轻易拿到，而且它非常耐用，价钱也非常便宜。在某些情况下，它还可以当作礼物送人。

孩子们虽然能看见瓶内的东西，但是够不着，所以他们要向大人求助，这是很有意义的。重要的是将每一种材料分开放置，这样孩子便能作出选择：是用干花、贝壳、小石头、软木、包装材料还是用纸屑、磨砂带、羊毛或碎布料等来做实验。

1996 年，在瑞吉欧成立了首个瑞米达（ReMida）

回收中心，此中心的设立是为了在画室给孩子提供各种特别且物美价廉的材料。瑞米达回收中心也叫作资源回收中心，在这里有许多收集来的生产剩余物、半成品或小企业和手工工场积压的残次品。但并不是每种材料都受欢迎，因此需要挑选一些适合在画室、搭建游戏区和角色扮演区使用的材料。这些材料分类放在架子和手推车上，瑞吉欧日托中心的工作人员会独自或和孩子一起将孩子会用到的材料放在购物车上。[①]

当然，瑞米达回收中心能更加便利地给孩子提供有吸引力的材料。但是即使没有瑞米达回收中心，

"给孩子的最好的材料是收集来的材料"这一基本理念也可以实现。这里既有少量孩子可放在裤子口袋里的小东西，又有大量相同的收集物，如数百个茶袋包装。

孩子需要纸来做手工和画画。与"颜色"这一主题一样，关于纸也需要大量研究。纸的种类非常多，更加细致地研究这些种类是值得的。即使画室只给孩子提供每户家庭都有的打印纸、卫生纸、包装油纸、包装纸和便笺，孩子至少也能够认识不一样的纸质和纸张规格。

但是，像颜料一样，纸也应该是一种原材料。孩

---

① 2007 年，在汉堡成立了德国第一个瑞米达回收中心，详情请访问 www.remida.de。

子可以用纸做实验，为此，就要使用不一样的纸。不仅要有各种尺寸如小的、大的、长的、方的或圆的，而且纸质也要不一样，如包装纸、报纸和水彩纸。

当然，并非随时都要提供给孩子所有类型的纸张。但是要尽可能储备一些各种类型的纸，这样方便教师使用。因此，除了公共的架子，也应该有一些可以上锁的或带有分格的架子，将纸张分门别类放在里面，这样就能清晰明了。老师可以根据观察为不同的孩子准备不同的纸张，或建议他们尝试某种纸张。根据我的印象，最好把纸张材料储存在附近区域，也就是靠近画室的区域。因为如果距离太远，这些储存起来的纸就不太能用到。①

---

① 在众多的画室工作书籍中，我要特别推荐一本：Seitz，Marielle：Das Kinderatelier. Klett/Kallmeyer，Seelze-Velber 2006。

沙桌和豆豆桌

实践证明，沙桌和豆豆桌适合年幼的孩子用来在画室玩耍。

沙桌类似于一个放在低矮的桌子上的很深的木箱，木箱内的细沙量最多只能达到木箱的一半高。在沙桌旁，孩子很少会用沙子作出有形状的东西，而是首先用来做实验。① 孩子会用容器、勺子、漏斗和筛子玩沙子，有时候还会抓一把沙子，让它慢慢从手中掉落，就好像沉浸于冥想练习。用豆豆桌也可以做到这些。

将木箱放在低矮的桌子上而不是放在地上被证明是合适的，这样做是为了不让那么多孩子聚集在沙桌或豆豆桌旁。将木箱放在桌子上意味着孩子不能坐着，而只能站着玩耍。此外，就像在上文的图片中看到的那样，沙子量应该装满木箱的三分之一而非二分之一。

像玩黏土一样，我建议玩沙子也不要用水，这样才能把清洁工作控制在一定范围内。夏天，孩子可以在室外玩水和沙子。

扫帚和簸箕也是沙桌和豆豆桌的基本配备，根据我的观察，孩子非常喜欢用扫帚和簸箕。

---

① 关于沙子抽屉，我会在"书写室"（第 188 页）中介绍。

发光桌和投影仪

我从瑞吉欧教育中知道了画室的发光桌，许多和我共事的依循瑞吉欧教育理念的日托中心团队也在房间里摆放了发光桌。在瑞吉欧的发展历史和教学实践中，发光桌与工作紧密相关。如果没有这种传统，就很难像在瑞吉欧那样如此集中地使用发光桌。虽然我没有把发光桌列为基本设施，但是我鼓励制作或购买这样的桌子，因为我总是发现孩子非常喜欢这种特别的桌子。

显然，投影仪也对孩子充满吸引力。投影仪可以在墙上展示精彩的图片，并将孩子的注意力转移到特定的事物上。如果将城市当前展览的一幅画通过投影仪投射到墙上，这可能会鼓励孩子提出问题。

休息区

"汉堡空间布置方案"在每间功能室都设计了一处或多处休息区，提倡在日托中心"打造充满安全感的空间"。因为马尔克的理念主要关于集体教学，所以我们要思考怎样在日托中心打造这样的区域。在有第二层游戏平台的空间如角色扮演室和运动室里，休息区是游戏平台的一部分。

许多用小组活动室改造的画室都会有一个双层游戏平台。一般来说，我建议先建好双层游戏平台，然

后观察如何达到最佳使用效果。因为双层游戏平台下面通常很黑，在那里就可以摆上发光桌、装上窗帘，这样幼儿可以在这里活动，但这里最重要的功能是可以当作休息区。在这个位置放上沙桌或豆豆桌可能也非常合适，因为这会是一项休闲活动。在游戏平台上层可以设置一个读书角或写字区，关于这点我将在下文讲到。

有时，把现有的游戏平台放到画室使用并不容易，我只是鼓励尝试不一样的做法以及找出最佳方案。

在雷肯费尔德的圣弗朗西斯科日托中心，画室的休息区布置得简简单单：一个小型二手沙发、一张

锯掉腿的旧圆桌、坐垫和横向放置的架子构成了一个舒适的小角落。孩子在这里可以单独或和教师一起喝茶，这个小角落也适合新来的孩子观察周围发生的事情。有时候，来接孩子的家长和

老师也会坐下休息。

休息区也是一个放有关于画室的书籍的图书角。这里有适合孩子的儿童图画书，也有艺术画册、合适的文学书、孩子在画室玩耍的相册、城市展览目录以及放满艺术明信片的卡片箱，这些都可供孩子翻看。

声音、灯光、颜色和材料特性

在画室也要像在其他房间一样安装隔音天花板，除此之外，就不需要额外的隔音设备了。因为如果把画室和手工活动室分开，那么画室也不会很吵。根据多年的观察和与许多日托中心老师的谈话，我得出结论：在画室里的活动不能和用到锤子和锯子的手工活动安排在一个空间内。因此，我赞成设置一个独立的手工活动室①，或者如果空间有限，夏天可以将手工活动搬去户外。

在灯光设置方面，许多日托中心统一使用天花板灯。这种灯在照射时不会形成阴影，因此安装在其他房间内也很实用，但有时也让人感到冷清和不舒服。在画室，这样的灯光非常实用。

当然，如果画室在冬天需要人工照明几小时，这是最好的。

安装在天花板上的灯最好能将画室区域照亮，也就是说灯光要从上往下和从下往上照射。无论如何，灯光应清楚地再现空间内物体的颜色。

在画室我不打算安装壁灯，壁灯只适合安装在用水区。聚光灯虽然不适合作为基础灯具，但是可以安装在软板上或其他展示区。

因为孩子的材料和图画颜色丰富多彩，所以墙面

适合采用中性的白色。

大量丰富的材料可以放在日托中心的画室，为了在画室开展活动，有必要将这些材料尽可能有序地放置。这就是说，画室必须经常打扫、整理。因此，负责画室的老师要考虑如何有序摆放物品，同时还要注

---

① 参见本书第 197 页。

意尽量将空间的结构化和创造性统一起来。

老师的角色

设立画室有两个目的：首先它能使孩子以多种方式进行独立活动，其次老师也更加容易放手让孩子做自己的事。孩子有自主选择的权利，这意味着孩子可以每天做这些事：

- 选择自己要玩的材料。
- 选择做实验的方式。
- 决定一人、两人或多人一起玩耍。
- 决定一定限度的玩耍时间。

这种独立性是孩子、老师、空间和材料之间深入交流的结果，此外时间维度也被考虑进空间维度内。对于活泼的孩子，老师可以远距离观察他们在做什么。如果老师慢慢地撤出孩子活动的中心领域并在一旁照看，她就能感受到孩子们的个性。此外，培养孩子的过程是一项高度复杂的工作，孩子的外部条件、内心想法、符合实际的要求、语言、思维、想象力和感受在这一过程中融为一体。

观察孩子绘画和黏土作品的创作过程不仅使我们尊重孩子的劳动成果，而且使我们意识到有关儿童的各种主题。只有熟悉孩子们的行为方式、看法和问题，才能与他们共同发展出某些东西，而不是强加给他们某个主题。

负责画室的老师不一定是艺术教育家。狭义上的教师工作不是专家活动，而是在画室内关注孩子行为的活动。虽然我强调每个老师可以决定画室内发生的事情，但在这一章我想要给出一些被证明是合适的建议。

仅撤掉传统的艺术技巧教学是不够的。在这里我们讲的是普通的绘画和手工材料，并没有涉及传统的艺术技巧教学。我认为两者的根本区别在于画室的活动强调过程，而不是结果。佩特拉·凯思克（Petra Kathek）这样说：在美学学习方面，过程即目标。她那套分上下两卷的专著《材料的感觉和固执》（*Sinn und Eigensinn des Materials*）是教师处理画室事务的珍贵宝典[1]。因为佩特拉·凯思克非常重视进行创作活动的材料，她直接将世界上的材料和孩子对它们的感官体验联结在一起："世界上有许多东西等待我们去发现，我们没有时间去装饰！"[2]

---

[1] Kathke，P.：Sinn und Eigensinn des Materials. Cornelsen，Berlin 2007.

[2] Kathke，P.：Sinn und Eigensinn des Materials. Vortrag zum vierten Arbeitstreffen des Modellprojekts »Professionalisierung frühkindlicher Bildung« am 27. 11. 2004 in Köln.

对过程的强调使得老师关注孩子在审美教育过程中的艺术因素，就像关注艺术本身一样。但是，仅让孩子去做还不够。只有当孩子做实验的欲望和老师的知识形成相互作用，才会拓展孩子行为的多样性。

涂色、画画和玩黏土涉及技术和手工层面。我建议让孩子做手工活动，而不是去看手工指南或装饰。同时，也不要迷失在一个新的成人领域里。

将老师培养成一名掌握专业技术的专家，例如画湿画时考虑到用水彩、丙烯颜料或油画颜料，这是没有必要的。但是，如果老师能区分这些颜料，那么她就能准确知道孩子对于使用不同材料的兴趣。

日托中心在传统技术方面有一些问题：我怎么做出某个东西？有什么颜色？怎样将这些颜色组合在一起？这些颜色能做什么或不能做什么？人们也会获得知识，但要以实用和面向过程的方式处理材料颜色。如果关注过程，孩子和老师的处境几乎差不多。一方面，老师根据每个孩子对不同材料的看法提供材料，这些不同的材料可以给孩子以适当的刺激；另一方面，"颜色"这一主题有许多可以发现的东西，孩子和老师可以一起探讨。也就是说，在老师学习新事物的兴趣和孩子想要作出尝试的好奇心之间存在相互作用。

关于做实验，我所指的不仅是涂鸦和玩水，还包括不同的尝试和探索，这有助于发现材料的细微差别。此外，提供不同的材料是基于3~6岁孩子发展的巨大差异。因此，画室内的材料实验既包括玩水又包括探索材料特性，这需要在不同的地方以不同的方式进行。

大多数较年幼的孩子喜欢用身体特别是皮肤感受材料，而较年长的孩子关注的是用什么材料可以做什么。但我经常观察到，较年长的孩子也喜欢玩水，较年幼的孩子也会认真研究各种材料。所以我认为，给孩子们尽可能多的材料以供其选择是良好教育工作的基础。这使得他们能够确定自己的发展阶段和当下的兴趣，也能减少老师的直接干预行为。老师的任务变成了感知和观察孩子的行为，反过来说，老师也由此获得了空间布置的启发，并且对儿童主题有了更深刻的见解。

书写室

书写室可以设置在任何地方，如单独的房间或角色游戏区。但我喜欢将书写区域放在画室里，因为我认为将画画与写字联系起来有重要意义。

在画室，孩子获得和完善了感觉运动技能（也叫作精细运动技能），并将这种技能发展成为图形运动技能。佩特拉·辛克（Petra Zinke）注意到了画室内的写字区，并提出了和"维尔茨堡语音意识计划"之类的建议（该建议旨在给孩子传授今后在书写方面的准备技能）不一样的观点。佩特拉·辛克赞成要注意观察儿童是否表达以及如何表达对书写的兴趣并对此作出回应，她希望"唤醒成年人对儿童敢于主动接近书写的时刻的敏感性"①。

另外，书写教育计划强调积极回应并支持儿童的书写兴趣。例如，一所支持拼写的日托中心为儿童提供了书写的自由空间和一些启蒙性的材料。当然，也要记录孩子相应的活动。

在画室，孩子学习了文字的基本形式。刚开始，除了圆形的字体，也出现了直线和线条。然后改变线条的方向，于是便产生了类似于十字架的图形。将弯的和直的线条变形组合，并形成了以下图案：螺旋形、星星、矩形、三角形、双扭线——即横过来的数字 8 和太阳轮。太阳轮表明，字体的基本形式受到文化的影响。马丁·舒斯特（Martin Schuster）注意到，在墨西哥的文化里，关于太阳的画法形成了另一种规定②。

每个孩子都能在图画下面写上自己的名字，就是那种以大写字母形式出现的名字，因为大写字母更容易模仿。孩子的图形运动技能与拼写兴趣以及他们在生活中随时接触到字母这一事实联系在一起，这些技能构成了书写的基础。

孩子知道组成自己名字的字母后，也许会带来各种各样的结果。例如可以清楚地看到，哪些单词和自己名字的开头字母一样。印刷体名字字母的难易程度也非常有意义，如果借助于圆圈或十字来拼写——正如玛丽埃·赛茨（Marielle Seitz）提示的那样——许多孩子都能做到。画圆圈可以变成字母 O、U、C，画十字可以变成字母 T、L、F、E、I、H。更加困难的是组合这些圆圈和十字，例如字母 B、D、G、J、P。最困难的是带有角和交叉的字母，尽管字母 A、K、M、N、Q、R、S、V、W、X、Y、Z 只是基于一些简单的形式，也就是对角交叉和双扭线③。

在日托中心外也能随时随地看见字母，这些字母出现在路标、路牌、邮票和广告柱、商店、公交车站时刻表、报纸和广告上面④。人们必须支持孩子对周围世界的兴趣，这也等于回答了这个问题：孩子上幼儿园就要学习书写或者阅读，这是否过早？

在社会情境中，儿童能完成口语习得这一高度

① Bostelmann，A./Metze，T. (Hrsg.)：Vom Zeichen zur Schrift. Beltz，Weinheim 2005.

② Schuster，M.：Kinderzeichnungen. Basel 2001，S. 33.

③ Seitz，M.：Vom Formenzeichnen zum Schreibenlernen. Don Bosco Verlag，München 2006，S. 37.

④ Elschenbroich，D.：Ins Schreiben hinein – Kinder auf der Suche nach dem Sinn der Zeichen. Film und Begleitheft. Zu beziehen über：Schweitzer，G.，Kronbergerstr. 28，60323 Frankfurt，Tel./Fax：069-727671.

复杂的过程。如果儿童表示出对书面语言的兴趣，并得到成年人的关注和支持的话，学习书面语言也不成问题。

瑞士改革教育家于尔根·赖兴（Jürgen Reichen）提出了一个在小学教学方面具有深远意义的假设："我的假设建立在一个确定的基础上，即口语习得受外部因素影响，但其中遗传是决定性因素，这在科学上是可靠的。所以我现在猜测，书面语也是一样。如果有一个遗传决定的程序用于阅读，那么以下三条规则适用：如果允许孩子自主学习，那么他们学习速度最快。也就是说，我们不要干涉，否则孩子无法进行自主学习，这也就是说我们什么都不用做！当然，什么都不用做也需要技巧。因为每一个为了给孩子提供最佳学习环境而打破课堂的人都知道，什么都不用做需要许多努力、耐心和注意力。但是我不会采取上课的形式：我们关心的是良好的共同生活，我们营造环境，我们不会打扰孩子学习！"①

在日托中心，孩子面对的是有文字的书籍。在老师阅读过程中，孩子们不仅听到了故事，而且注意到了他们不具备的阅读能力。如果孩子们观看过老师写字，那么学习字母对他们来说就更加具体化了。因此，老师写字时孩子能在一旁观察这样的做法是有意义的。

理想的状态是，画室里有为老师专门准备的书写位置，并且配备了电脑。

例如，老师将手写的观察笔记输入电脑，将内容打印出来并朗读给孩子听。这时，孩子不仅体会到了老师行为的意义，而且体验到了文字的价值：文字可以储存一些担心会丢失的东西。

书写下来意味着能够保留一些稍纵即逝的东西，文本可以传递、带回家、放在文件夹里，或者作为记录挂在墙上。

在书写室、画室的其他地方以及在整个日托中心，人们可以提出许多与书写有关的建议。给一切可能的物品贴上名牌，如在窗户上贴上"窗户"，或挂上写有"动物字母"的海报。于尔根·赖兴发明了一种"字母表"，在上面，每个德文字母配一张或两张图。

一名来自童格恩日托中心的俄语实习老师留下了一张带有俄文字母的海报，这所机构还想出了另一个点子：让孩子熟悉盲文。此外，他们还在书写室提供了木头、塑料或海绵、橡胶材质的字母。纸张也可以用来制作字母卡片。在我看来，彩色透明纸上的字母

① Reichen，J.: Hannah hat Kino im Kopf. Die Reichen-Methode Lesen durch Schreiben und ihre Hintergründe für Lehrerinnen，Studierende und Eltern. Heinevetter-Scola，Hamburg/Zürich 2003.

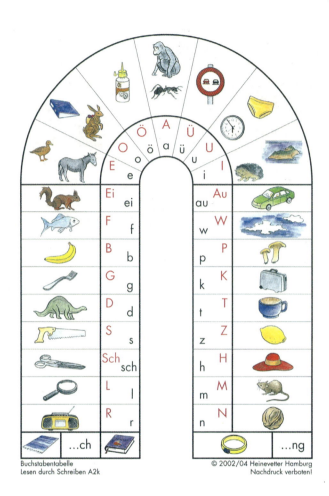

Buchstabentabelle
Lesen durch Schreiben A2k

© 2002/04 Heinevetter Hamburg
Nachdruck verboten!

非常漂亮。我在亨内夫日托中心见过这种字母表，但为此需要一张发光桌。

带有字母的印章也很特别，它就像是不同的书写工具和书写底座，任何书写室都不应该错过它。另外，也许孩子还想要尝试用羽毛和墨水来写字。

莫妮卡·沙尔施密特（Monika Schaarschmidt）老师在奥斯纳布吕克市创立了圣米歇尔（St. Michaelis）日托中心，我在这里的手工活动室了解了一些特殊的材料。莫妮卡·沙尔施密特想出了一个主意：用橡皮泥填补游戏中用坏的木箱，这样木箱就变成了一块蜡板，孩子可以用毛线针在上面写字。作为对比，可在桌子的另一边放上一块石板，用石头在上面写字。

莫妮卡·沙尔施密特给所有来书写室参与阅读和写字活动的孩子提供了语言学习材料，如一张画有耳朵的图片卡、一张画有圆形嘴巴的图片卡和一张写有字母 O 的卡片。我认为这么做非常合理，这是一种非常有意义的综合治疗方法。这一方法不是先直接治疗孩子，而是治疗师帮助老师将治疗材料融入日常的教学工作中，然后自然而然地给孩子传授语言学习的

理和智力有缺陷的儿童），玛丽埃·赛茨发明了一种放有沙子的抽屉。这种抽屉不仅适合用来帮助残障儿童成长，而且能帮助所有处于不同成长阶段的孩子学习语言。与一般的沙桌不同，这种抽屉是扁平的，它的底部只铺了一层沙子。因此它就不能让孩子去舀沙子、放满或清空沙子，而是用于画画、写字和做图案[1]。

知识。

在类似的治疗教育背景下（治疗教育针对的是生

画室材料清单

- 不同规格、厚度、颜色和质量的纸，如：
  - A4 打印纸。

① Seitz，M.：Schreib es in den Sand. Dusyma，Schorndorf 2006.

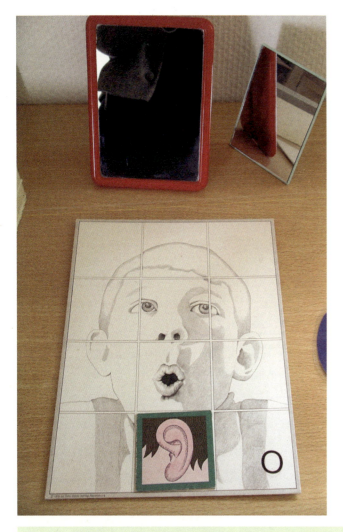

- 包装纸。
- 吸墨纸。
- 餐巾纸。
- 包装油纸和建筑绘图用纸。

- 再生纸。
- 叠成手风琴形状的计算机纸。
- 印刷厂的残次纸卷。
- 印刷厂多印的请柬和广告。

- 日本和纸。
- 水彩纸。
- 少量透明纸。
- 少量皱纹纸。
- 白色文档纸（不用彩色的）。
- 瓦楞纸。
- 厚纸。
- 卡纸。
- 多余的墙纸。
- 反面可用的广告纸。
- 报纸。
- 杂志。
- 自然材料，如：
  - 石头。
  - 贝壳。
  - 蜗牛壳。
  - 松果。
  - 干花。
- 多余的家居材料，如：
  - 织物。
  - 皮革。
  - 羊毛。
  - 包装袋。

- 收集材料，如：
  - 糖纸。
  - 茶袋。
  - 金属瓶盖。
  - 软木塞。
  - 棉絮。
  - 秸秆。
- 保管收集材料的容器，如：
  - 箱子。
  - 筐子。
  - 密封大口玻璃瓶。
- 文具类，如：
  - 剪刀，对左右手都适用的更好。
  - 胶水（无溶剂）。
  - 彩笔（细一点，软一点，不要厚重的和太硬的）。
  - 不同硬度的铅笔、黑色毡笔、绘画炭笔。
  - 卷笔刀。
  - 对笔进行分类的容器。
  - 粉笔（不是蜡笔，而是黑板粉笔）。
  - 艺术蜡笔（油画棒和粉蜡笔）。
- 液体颜料，如：
  - 蛋彩画涂料。

- 水粉。

- 以糨糊作为黏合剂的色素颜料。

- 溶于水的颜料球，代替水彩。

- 水彩颜料。

- 在木头、石头、玻璃和金属上画画的颜料。

- 丙烯颜料。

- 画笔：较年幼的孩子用的许多中、厚、扁平和圆形的鬃刷和较年长的孩子用的尖头毛笔。

- 用过的无盖或有盖的玻璃杯，用来放颜料。

- 搅拌过的糨糊。

- 黏土。

- 沙子。

- A3 和 A2 大小的画板和画板架。

- 抹布和存放画笔的容器。

- 画画专用服（例如旧的短袖衬衫）。

- 擦手的帕子和洗手的肥皂。

防水桌布可以保护桌面，或铺在地上使用。桌子应能承受孩子操作时的动静。

书写室材料清单

- 塑料字母。

- 木头字母。

- 海绵、橡胶字母。

- 纸质字母。

- 纸板字母。

- 绣在布上的字母。

- 彩色透明纸字母（放在发光桌上）。

- 印有字母表的海报。

- 纸和信封。

- 打孔器。

- 盲文板。

- 其他文字的字母表。

- 语言学习材料。

- 报纸文章。

- 当时当地的图片。

- 贴上标签的幼儿园物品（窗户、门、柜子……）。

- 日历。

- 于尔根·赖兴制作的"字母表"。

- 装有少量沙子的扁平抽屉。

- 带有大写字母和数字的印章，以及不同颜色的印章盒。

- 羽毛和墨水。

- 橡皮泥蜡板和书写工具，如毛线针、烤肉扦或粗钉子。

- 石板和石头。

- 电脑。

工坊

大多数孩子喜欢使用工具做东西，他们对此充满热情。他们模仿成年人使用工具、敲敲打打或锯东西，一切都是出于好玩。他们尽情释放创作的想象力，尝试着模仿身边的事物进行创作。

因为空间不足，所以在许多日托中心设置工坊非常困难。通常小型的日托中心没有工坊，而日托中心越大、人数越多，就越容易将房间挪作他用。

通常我不建议把工坊设在地下室，因为地下室不适合开展儿童教育活动。此外，地下室较偏远，过去必须要大人陪同，因此我宁愿将工坊安排在室外。在春、夏、秋季，就算集装箱、花园、旧货车只是用来藏身的场所，也比室内黑乎乎的地下室更好。如果有多个负责户外区域的老师，那么也许可以安排一个老师在工坊照看孩子。

除了空间大小问题，缺少人手也会给孩子在工坊进行活动造成困难。到目前为止，我只在一个地方看到这样的专家：孩子自由进入位于画室旁边的工坊，那里有两名老师，一名负责画室，另一名负责工坊。

工坊活动本身也会带来问题，和工具打交道很

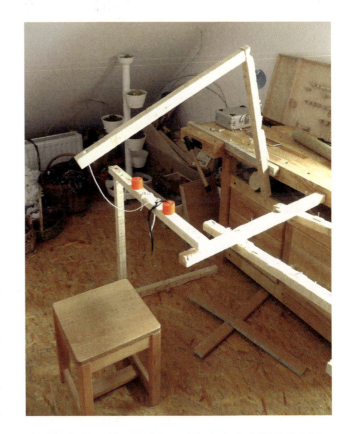

多时候都是"男生的事"，对许多女生来说非常陌生。因为不了解工具，所以家长担心孩子可能会受伤。许多成年人都认为使用工具是危险的，尽管许多日托中

心已经证明了这不会带来危险。

彩虹（Regenbogen）日托中心位于韦瑟灵市（Wesseling），其工作团队以瑞吉欧理念为指导并开展开放式教育。在这里，西比尔·西伯格（Sybille Siberg）将画室和工坊并排设置，她认为孩子可以随时进入工坊是很重要的。孩子们的学习过程总是让人出乎意料，这是因为他们十分自然地与材料打交道。

举一个例子：莉亚-基亚拉（Lea-Chiara）三岁半的时候来到工坊，有一天她说她想要做一辆"敞篷车"。西比尔·西伯格很好奇，鼓励她这么做。莉亚-基亚拉找来几块木板，将一块木板锯成适合其他木板的长度，将两块木板粘起来，然后拿来四个木圆盘，将它们粘在木板上。现在要找一张特别漂亮的纸，莉亚-基亚拉找到了一张半透明的彩虹纸，并将

它裁成细长条粘在"轮胎"上，这样风挡玻璃就做好了，然后用亮片作为汽车的其他装饰。最后，莉亚-基亚拉还在车上写上了自己的名字。

莉亚-基亚拉六岁时，想要做一匹马，她的目标非常明确。她从许多材料当中选择了一些：粗树枝用来做肚子，细树枝用来做蹄子，木棍当作腿，筷子当作脖子，小木盘当作脑袋，"天使般的头发"当作尾巴和鬃毛，毛毡当作马鞍、绷带和耳朵，皮革当作马鞍垫，金属片当作马镫。这些是她从一个小女孩那里获得的建议，那个小女孩做过这样一匹马。关于马的细节，她俩进行了详细的交流。

为了防止发生事故，也为了避免老师一直提心吊胆，工坊要满足两点要求：必须有老师指导孩子使用工具，在设计工坊时必须考虑周全。

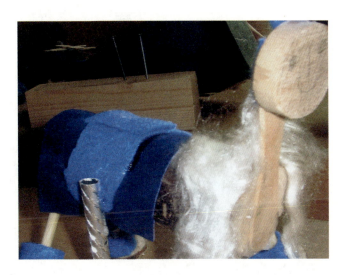

最重要的是，提供有用的和适合孩子的工具。乌多·兰格（Udo Lange）和托马斯·斯塔德曼（Thomas Stadelmann）注意到，不应使用无用的来自成年人地下作坊的废弃工具或不适合孩子的廉价和假冒伪劣的工具套装。"例如，锋利的锯子使用时容易从木头上滑下来，这就大大增加了受伤的风险。"[1]

在加工木头时，选择适合孩子的木头很重要，否则难免发生意外。硬木头是不合适的，孩子既不能钉钉子，又不能锯或磨，因此要准备像冷杉、云杉或松树这样材质的软木。兰格和斯塔德曼建议，选择可以用拇指甲刮出划痕的木头来加工。

在许多建材市场或木匠那里可以得到一些废木头，最好跟他们讲清楚需要什么样的和不需要什么样的木头，否则就会买到不合适的木头，然后只能自己清理掉。

多种样式的木头和其他材料对用材料做实验以及实现自己的想法的孩子充满着神奇的吸引力。任何一间工坊都不应该错过"钉桩"，也就是能稳稳地立在地上的树墩。孩子可以随心所欲地在上面钉钉子，这完全是出于手工练习和敲打的乐趣。

为了夹紧并加工木头，孩子需要螺旋夹钳和老虎钳。关于夹紧，有一条准则：木头没有夹紧之前不能锯。

不一定需要儿童工作台，它几乎一直是装饰品。

---

① Lange，U./Stadelmann，T.：Das Paradies ist nicht möbliert. Luchterhand，Neuwied 1999，S. 73.

正常的工作台很高，如果将它降到孩子的高度，这样当然是合适的，但是也可以使用稳定的和尽可能重的桌子作为替代品。

根据空间大小，工坊需要一张或多张桌子，孩子可以靠在桌边操作材料，但不需要椅子。一些可叠起堆放的凳子应该放在角落，这样当孩子转而想要制作小物件时就能坐下来。

为了避免事故发生，给孩子提供足够的空间非常重要。一般来说，早上老师和孩子一起布置手工操作区非常有帮助，这样做是为了保证准备所有必要的材料，并且确定一起进行手工操作的孩子人数。无论如何，人数必须有所限制。但是，孩子们会根据看到的位置数量作出相应的行为：他们晃荡一会儿后再回来，与位置上的伙伴一起寻找解决方案，帮助他们，

发表意见或在一旁观看。恰恰是年幼的孩子应该尽可能待在旁边，因为经验表明，通过观察、共同思考和解决其他孩子分配给他们的小任务，作为旁观者的他们可以学到许多东西。

工坊的吸引力在于工具，这一点至关重要：挑选不同大小的锯子和螺旋夹钳、锤子、钉子、钳子、锉刀、不同颗粒大小的砂纸、螺丝钉和螺丝刀，当然折叠尺和水平仪、多功能剪刀和木胶也必不可少。对年龄稍长的孩子来说，配有麻花钻头的手钻和轻的电动螺丝刀是精密的工具。所有这些材料必须放在架子上一眼可见的位置。

此外，孩子需要各种各样的材料做手工。画室手工区的材料和工坊的材料有一些是一样的，因为这些材料有一部分来自同一个地方，例如都来自于瑞米达

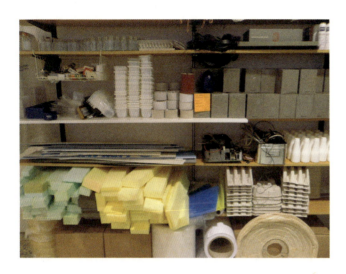

回收中心。近几年在德国也出现了这样的地方，但是非常少见^①。

学习工坊，或者作为一种有趣的材料，为孩子创作拼贴画和装配艺术品提供灵感。

‖　在工坊允许发出嘈杂的声音。但是有些操作也可以非常安静，例如粘贴材料、设计立体作品、拆卸或无须工具的分类活动。材料部分来自建材市场，部分来自家庭和大自然。也许工坊与画室的区别仅仅在于这里有更多的木头，可收集的材料则非常相似。

‖　还可以设置额外的任务，例如在技术方面，"分拆角"配备带有机械内芯的旧工具。从拆卸角度来看，大部分电子工具与旧打字机和机械表相比不划算。电子工具包含许多可以重复使用的组件，它可作为一种磁性材料供孩子研究，例如在奥斯纳布吕克的

> 工坊的工具和材料清单
>
> 工具
>
> - 通用锯、小型木质手柄弓锯，锯条可更换。
> - 手锯。
> - 细锯。
> - 不同重量的锤子（100克、200克、300克）。
> - 用来取出钉子的夹钳。
> - 剪切金属线的侧面切刀。

---

① 另请参阅"画室和书写室"（第157~196页）一章中有关瑞米达回收中心（第179页）的部分。

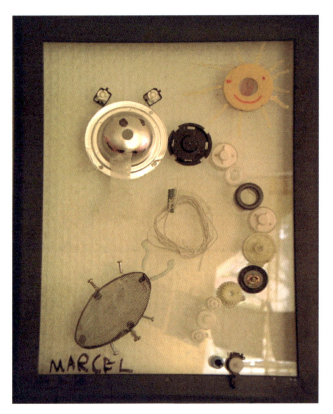

- 弄弯金属线的扁钳。
- 钉孔钻。
- 配有麻花钻头的手钻。
- 年长的孩子使用的电动螺丝刀。
- 粗木锉和木锉刀。
- 不同颗粒大小的砂纸。
- 不同大小的一字螺丝刀和十字螺丝刀。
- 不同大小的扳手。
- 不同大小的螺丝钉。
- 不同大小的螺丝夹。
- 不同大小的钉子。
- 折叠尺。
- 水平仪。
- 多功能剪刀。
- 木胶和工艺胶。

材料
- 软木，如冷杉、云杉和松树。
- 边角木料，如木边框和棒子。
- 干的和湿的树枝。
- 皮革、织物、羊毛和皮毛的边角料。
- 木钉、木珠和木球。
- 不同种类的绳子。
- 完好的和残损的金属箔。

- 冰淇淋棒和冰淇淋勺。
- 木质奶酪罐。
- 分类箱。
- 收集品。

　　因为锤子和锯子会产生噪声，所以必须在工坊采取特殊的隔音措施。隔音天花板是必要的，但还不够。至少应在一面墙上安装吸音材料，如地毯或地毯块。将厚的地毯块铺在桌子底下和桌面上，可以起到隔音效果。软木纤维制成的板子不仅可以吸收声音，还能将工具整齐地挂在上面。这样便形成了一张工具摆放图，孩子可以看到工具放在哪里，因此也就知道在使用完工具后放回原位。

卫生间和水上乐园

大人希望孩子用卫生间清洁身体。但是，只要大人把孩子放在卫生间，卫生间对孩子来说就会成为水上乐园，几乎没有什么比水更能吸引各个年龄段的孩子了。首先，孩子在妈妈肚子里时就与水有了紧密的联系。其次，水可以用来做所有的事。当孩子尽情玩水时，他们可以用身上最大的器官——皮肤来感受水。当他们洒水、把水倒进倒出或让东西漂浮在水上时，他们根据水的特性获得了无尽的丰富体验。从简单的喝水到技术性地开凿"运河"，水的使用有无穷的可能性。

如果想要满足孩子玩水的欲望，就须改变对卫生间的看法，并且用孩子的眼光把卫生间看作玩水的地方。即使仅从不挑战成年人的耐心极限出发，布置卫生间也是有意义的。

大多数情况下，水槽比洗手盆更合适，它使孩子的玩水游戏更加丰富。水槽提供了许多使用的可能性，如果没有水槽，孩子会把卫生间弄得满地都是水，这种情况经常发生在安装洗手盆的卫生间。与其他的玩水游戏相比，水槽不会占用很多空间，因为它

不是两个或三个洗手盆并列安装。水槽的优点是许多孩子可以同时刷牙。此外，与浴盆相比，水槽在排水和注水方面完全不成问题，而且不需要移动。

当"汉堡空间布置方案"产生以后，我们尝试了不同种类的水槽，最终得出结论：水槽绝对不能太浅。孩子只有使用深一点的水槽才能不受限制，而且之后的清洁工作也可控制在有限范围内。

根据我的经验，塑料水槽比较合适[1]。这种水槽不能安装得太高，这样哪怕水槽里面只注满一半水，孩子也能够到。

水槽上方应安装单把水龙头作为配件，孩子使用起来也非常简单。由于安装了水龙头，镜子通常安装在很高的地方。为了能让孩子照镜子，镜子安装的时候要向前倾斜一些。出于安全考虑，镜子后面多出来的楔形空间必须用边框封起来。

为了不让孩子的脚直接踩在地板上，建议在地板上铺上橡胶垫或木垫，孩子可以光脚踩在上面。我认为，穿浴室拖鞋没有什么用。

如果可能的话，在孩子玩水时，卫生间的温度应达到20℃以上。陪同老师必须注意及时关窗保持室温，玩水结束后可以开窗通风，排掉湿气。

为了不浪费水，孩子必须遵守两条规则：首先，玩水时水槽必须一直堵住；其次，只能注一半水。

为了更加自由地玩水，孩子们应该脱掉上衣。这样做能减少老师的洗衣工作量，因为他们一旦玩水，衣服总会弄湿，哪怕穿着罩衫。所以，还应该准备几个箱子用来放衣服。

一个小型桑拿椅既适合用来放衣服，也适合用来坐着观察其他的孩子。

如果孩子被允许独自在卫生间玩水，那么出于安全考虑，还要再加一条规则：禁止孩子进入水槽玩水。

老师首先应该陪同孩子，并观察他们的行为。在我的印象中，孩子经常会得到许多材料。我建议从给简单的、他们了解的材料开始，如一些塑料杯；逐渐增加其他一些家居材料：大汤勺、勺子、打蛋器、撇泡沫勺、漏斗、筛子和量杯；或许还可以给他们刷子、海绵和抹布，用来擦拭。

除了有趣的玩水体验和专心地使用不同的材料（使孩子获得了初步的物理体验）外，在卫生间玩水还可以开启学习第一课，如获得重要的水力学相关经验[2]。

如果卫生间有出水口，应该放在室内，让孩子在老师的陪同下用橡皮管和水管做实验。

我建议在室外玩水玩沙子，这么作出于两个理由：一是在室内玩沙子会堵住排水口，二是清洁工作量大。

因为水对孩子来说非常重要，所以我鼓励那些日

---

[1] 关于水槽，请访问：www.kameleon.de。

[2] 另请参阅：»Ein Vergnügungspark für die Vögel«. In: Reggio Children: Hundert Sprachen hat das Kind. Ausstellungskatalog. Luchterhand, Neuwied/Kriftel/Berlin 2002。

托中心团队，即便没有资金购买水槽、没有空间用于玩水，也要满足孩子玩水的需求。例如，像汉堡的拓博卡岑（Tobekatzen）日托中心那样用婴儿浴盆。婴儿浴盆不会占用太大空间，由于地上有排水管，因此它的优点是：只要在下面放一个木桶，排水就不成问题。虽然将浴盆搬上搬下非常麻烦，而且人们必须要找一个地方放置浴盆，但这是值得的。汉堡团队表

示："每当孩子可以玩水时，就能看到他们认真的学习过程。"

如果空间足够大，就可以在卫生间放置由幼儿园家具供应商生产的儿童戏水桌，但是也可以即兴打造这样的戏水桌。在圣弗朗西斯科日托中心的卫生间里放着一张旧桌子，桌子上铺着一块防水布，防水布上面放着一个巨大的塑料浴盆，两个孩子可以面对面站

在桌旁玩水和其他材料。

在寻找特殊的方法来实践"汉堡空间布置方案"下的戏水主题时，马蒂亚斯·巴克找到了一种可丽耐（Corian）材料。这是一种人造大理石，这种材料做的水槽形状多种多样，本身就是玩水区一道亮丽的风景线。它的特点是触感极佳，色彩、花纹也很丰富，但是价格略贵。

在许多日托中心有淋浴设施，在我的印象里，它总是设在阴凉处，很少使用。因为有时候它安装在偏僻的角落，看起来也很阴暗，没有孩子愿意待在那。淋浴区只具有冲洗身体的功能，孩子不能在那开心地玩水。

如果淋浴设施在卫生间内或卫生间旁，就可以通过拆除隔墙这样的小小的结构改变来创造出更好的通道和更多的空间。如果淋浴区太小、地面太平，无法玩水，也许建材市场上物美价廉的混凝土试块盒适合放在淋浴区。

如果淋浴区铺上了瓷砖，就可以像埃尔福特的"发现世界"日托中心一样放置许多浴盆。这非常适合孩子用橡皮管、水管、漏斗和容器做实验。

马蒂亚斯·巴克为位于汉堡的童联（Koppelkin-

der）日托中心生产的充气式宝宝泳池是替代淋浴间的另一个选择，这种泳池特别适合三岁以下的孩子使用。

当然，在混龄日托中心，卫生间必须要有一个配备洗手盆的分层式襁褓桌[①]。即使没有三岁以下的孩子，襁褓桌也是有意义的，因为许多孩子在三岁以后

---

① 请参阅本译丛的另一册《如何创建日托保教空间1——0~3 岁托育机构环境创设指南》第 103 页"感知身体"一章中的"尿布台"一节（第 114 页）。

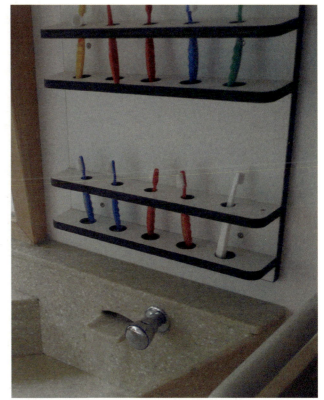

才能学会如厕。但让人感到惊讶的是，当孩子进入幼儿园后，这一学习过程就会非常迅速，也许会去厕所而不用换尿布的其他孩子在这中间起到了至关重要的作用。

出于卫生考虑，毛巾钩上 25 条相同的毛巾必须隔开一定距离放置。这让人想起一个使用了大量墙壁空间的机构，显然现在已经没有这样的毛巾钩了。在许多幼儿园，纸巾架取代了毛巾钩。在一些州，这已经成了规定。

虽然纸巾架占据空间很小，也很卫生，但孩子要么不用，要么用得太多。根据我的印象，挂两三条正常大小的毛巾是合适的，并且每天根据情况换上 1~2 次。如果 25 条小毛巾每周清洗一次——从卫生角度来看，这种情况很少见——清洗费用可能也就抵消了。

多余的空间不能摆放牙刷杯组合支架。虽然专门

为幼儿园设计的毛巾和牙刷杯组合支架看起来干净整洁，但是会占据许多空间。我建议像童联日托中心的团队一样，牙刷的摆放要做到节约空间，而不是把钱花在别致的标准解决方案上，这样就为其他东西节省了空间，例如一面大的全身镜或者像圣弗朗西斯科日托中心那样的化妆区。

新建和改建卫生间的注意事项

卫生间应是多功能的，不仅能用于身体清洁，还能满足游戏的需求。因此它不能设计在建筑物内，而是应该像所有儿童房间那样有自然光线、能自然通风。窗户提升了卫生间的品质，也不用再在天花板安装照明系统。卫生间的暖气温度控制在 22℃，这样孩子就能轻装上阵。

在卫生间，瓷砖和地砖会制造噪声，因此必须采取隔音措施。此外，瓷砖只能贴到必要的半墙高度，这不仅改善了声音效果，而且成本较低。

灯光不能太刺眼，要和自然光线一样柔和。

每个卫生间都需要在地面安装出水口，这样孩子就能在不被过度限制的情况下尽情玩水。老师可以用吸水拖把把地面上的水轻松地推到出水口，如果孩子喜欢这样做，那么就让他们自己来做。

对孩子来说，合并两个卫生间对于增加空间（如用作玩水区或壁式画架区）会很有帮助。

我认为，在人数众多的学前教育阶段，如果 50 个孩子必须使用同一个卫生间，这是有问题的。但我一直都确信，机构负责人和建筑承包商都喜欢利用这样一个机会来减少成本，他们的借口是孩子愿意并且也应该在一起密切交往。如果只考虑节省成本而将卫生间合并，而没有开放式教育的通用理念，我认为这不合理。我建议，要么 25 个孩子使用一个卫生间，要么找一个建筑师制定出充满想象力的解决方案，来满足 50 个孩子的玩水需求和不同区域的个人卫生需求。

声音、灯光、颜色和材料特性

声音

我认识的许多实习老师都认为日托中心太吵了。根据对工作压力的科学调查，超过一半的老师觉得噪声对他们造成了严重和非常严重的影响。

甚至是在刚刚建成的日托中心，许多工作人员在搬进去后抱怨噪声让人难以忍受。日托中心在建造时很少考虑到噪声问题，是因为建筑师与教育人员缺乏合作，例如在高的门厅和大面积的窗户区域设计上。而建筑师必须和他们通过商讨日常工作来得知哪些通道是频繁使用的，然后尽可能缩短这些通道的长度。因为缺乏合作，所以错过了阻止噪声产生的机会。

此外，日托中心内的房间必须要采取隔音措施，否则孩子活动产生的声音就会成为噪声。因此，建筑师在声音效果方面扮演了关键角色。当然，教育理念也很重要。

功能室的开放式教育理念将儿童的安静活动与嘈杂活动区分开来，这在本质上与小组活动室内的集体教育不同。如果采取集体教育方式，所有的事都发生在一个空间内。孩子只能在特定时间做运动，也就是说他们只能根据时间表使用体育室，这会导致他们在所有的房间内都非常吵闹。

将安静活动与嘈杂活动区分开来，使得各个功能室比小组活动室更加安静。另外，孩子可以剧烈运动的隔音房也越来越重要。在"运动室"，这一章，我提到了为什么老师不愿整天待在运动室的原因：受噪声困扰。如果我们承认几乎每个孩子都会喜欢运动室，那么就必须在运动室采取隔音措施来减弱噪声。

大多数儿童餐厅很吵，但其实许多其他的房间也应采取隔音措施，因为这些房间也不能提供一个"可听"的环境。

显然，越来越多的教育管理机构人员、教育机构负责人和建筑师不仅认识到了人数造成的越来越大的噪声困扰，而且认识到了教育机构特殊的噪声问题。科学家也在研究这方面的问题。但是到目前为止，研究工作和实际降低噪声的措施首先集中在小学。2004年重新修订的德国工业标准（DIN 18014）"小到中型房间内的音质"基本规划中的内容得到了丰富和具体化，在新版本规划中首先提到了小学和小部分幼儿园的例子。幼教专家称，新版本规划比旧版本规划更有用，因为新版本规划的出发点不再是以教师为中心。

在以教师为中心的课堂上，没有规划中要求的隔音设备。但因为小学课堂的情况有所改变，许多学生以小组的形式在教室内交流、活动，就像日托中心一样，所以必须要采取其他隔音措施应对这种改变。

德国工业标准没有规定哪些特定措施会保障日托中心室内的"可听性"，其中的"可听性"概念早在1968年版本中就已被使用，但是定义"可听性"并不容易。这一概念的普遍含义是空间内必须要有合适的混响时间和均衡频响，本质上涉及通话清晰度——更准确地说，是音节清晰度。为达到这一目的，混响时间应尽可能短。

若可能的话，在天花板或墙上安装吸音材料可以减少日托中心室内的混响时间。"德国工业标准新修订版中，空间不仅根据混响时间，还会根据通话清晰度进行分类。也就是说，空间可按 A、B 群体分为两类。A 群体空间内在中长距离内预期产生良好的通话清晰度（包括教室），而 B 群体空间内在短距离内预期产生良好的通话清晰度（例如在办公室、银行柜台和餐厅等）。"[1]

2007 年，北莱茵－威斯特法伦州法定事故保险负责机构出台文件《幼儿园噪声预防》，计划由联邦各州的事故保险公司发布幼儿园内声学要求的相关法规。

2009 年，巴登－符腾堡州环境部出版日托中心声学设计手册《保护孩子的耳朵》。这一手册由斯图加特的弗劳恩霍夫研究所（Fraunhofer Institut）建筑物理部起草，并以新日托中心建造——在巴登－符腾堡州扩展保育能力的框架内——为契机，给所有正在计划和以后建造日托中心的相关责任人提供帮助，以便他们考虑到防噪的所有重要方面。梅克伦堡－前波美拉尼亚州、黑森州和石勒苏益格－荷尔斯泰因州也出版了类似的手册。

巴登－符腾堡州环境部部长谭雅·戈内尔（Tanja Gönner）在手册的序言中写道，建筑声学在满足孩子和保育人员休息、交流、集中注意力和表达方面发挥了重要作用。奥尔登堡大学的玛丽亚·克拉特（Maria Klatte）指出了为什么要给予声学更多的关注：在学习、注意力、语言发展方面有障碍的孩子和母语非德语的孩子在某种程度上依赖于最佳的声学

---

① Veit，I.：Vom Hören und Verstehen. In：Trockenbau Akustik，Heft 8/2008. S. 25.

条件。

在日托中心采取减噪措施会给儿童和成人带来同样的好处，减少噪声困扰不仅是从健康的角度改善老师的工作条件。玛丽亚·克拉特引用的一些科学研究表明，噪声会降低和影响对他人的关注和对社会互动的敏感性：噪声使得一切不再敏感！那些每天承受噪声压力的老师和孩子交往时表现得不耐烦和冷漠。玛丽亚·克拉特主张并强调，沉着和敏感的保育人员对孩子在幼儿园中成长具有重要作用。

起草手册的弗劳恩霍夫研究所的专家强调："高质量的隔音空间设计是实用型的建筑和生活质量的重要准则。但这还没有被普遍认可，以至于隔音和空间声学总是被排挤、忽视或成为'成本压力下的牺牲品'。只有一开始就考虑到声学，在整体和细节的计划和设计上，声学才可以作为一部分考虑因素得以实现。"[1]专家强调，即使是高质量的隔音材料也不会让成本暴涨，而且与其他建筑物理和结构要求也不冲突，比如防火和热防护。此外，他们还指出，现在已经有了成熟的综合解决方案，可以统筹考虑房间温度、光线和声学。

弗劳恩霍夫研究所建议将声音吸收材料[2]均匀分布在墙壁和天花板表面或整个天花板区域。此外，专家还建议使用纺织材料，特别是布帘。布帘应选择纯毛坯材料，重量至少达到每平方米350克。将布帘挂在离墙面10厘米处或在空间内自由悬挂，就能够有效减弱噪声。

最后专家指出，在增强或减弱噪声方面，地板也非常重要，但他们没有提出任何具体建议。

以"汉堡空间布置方案"的经验为背景，我们提出了一个听起来可能与众不同且无法在所有房间中实施的建议，但它极大地改善了声学效果：工业地毯。这种地毯适合铺在角色扮演室、搭建室、衣帽间、走廊和大厅，在这些区域外穿过的鞋会弄脏地板，球形纱线的体验感很好。这是一种厚厚的毛毡地毯，纱线在纺织前进行了染色，这样地毯就不会吸收湿气。[3]

经过染色，地毯就不会吸附汗水。因此这是为数不多的可以铺在运动室的地毯，而地毯上的污垢可以在烘干后清理掉。

---

[1] Umweltministerium Baden-Württemberg (Hrsg.): Lärmschutz für kleine Ohren. Leitfaden zur akustischen Gestaltung von Kindertagesstätten. Stuttgart 2009, S. 6.

[2] 吸音是材料和构件的特性，从入射声中提取能量，从而以降低强度反射声音。

[3] 虽然球形纱线是人造产品，但是非常环保。据生产商称，所有废水和制造残留物都会在生产过程中进行回收。

虽然这种地毯能非常有效地吸收声音，但必须得花点时间清洗。所以不能将它铺在具有一定功能的空间如儿童餐厅、画室、工坊内，这些地方清洁工作量大，我建议使用油毡或橡胶垫。我们不建议使用镶木地板，尽管它看起来很好。由于镶木地板的木材不能有孔而必须是全封的，因此会形成巨大的声音反射面。层压地板也是一样，所以无论如何也不应使用。

除卫生间外，我们不会在其他任何地方贴瓷砖，哪怕是入口大厅，它会加大噪声。根据我们的经验，软木地板只能铺在搭建室。如果软木地板只打蜡而不是全封状态，就容易损坏，因此它无法承受频繁踩踏或像儿童餐厅、画室那样高要求的清洁工作带来的压力。如果密封的话，那么它反射的声音比油毡还大，更不用说工业地毯了。

在决定采用何种地毯之前，必须要清楚一个问题：地毯是否会致敏。2005年的一项研究表明，铺有光滑地板的房间的细微粉尘污染是铺有地毯的房间的两倍。原因是地毯会吸附细微粉尘，也就是细微粉尘不会释放到空气中。[1]

对于那些有隔音天花板并想要装修房间的人来说，还有一个实用的建议：如果声学天花板只是变脏了，还有用的话，绝不要涂上有颜色的涂料。颜色涂料会把天花板上能吸附声音的小孔堵住，从而使吸音的效果大大减弱。如果要恢复效果，必须更换涂漆的天花板元件。

工程师卡斯滕·鲁尔（Carsten Ruhe）专门研究"日托中心与小学的声学和降噪"问题，他对此进行的访谈调查表明："在幼儿园和小学，吸音天花板的效果非常好。因为房间内变得更安静，孩子也会更小声说话。通过这种'心理反馈'，即所谓的伦巴第效应，就能降低噪声。根据计算，若不如此处理，产生的噪声会是目前的两倍。"[2]

另外，目前有众多科学家致力于研究心理声学，即声学和语音感知之间的关系。研究成果归结起来是：混响减弱了语音清晰度，被减弱的语音清晰度增强了躁动，增强了的躁动导致说话更大声，大声说话减弱了语音清晰度。

卡斯滕·鲁尔强调，孩子在一岁时通过听母语就已经掌握了语音分类，但对语音分类的"微调"一直

---

① www.daab.de/all_news.cfm, 2005-8-17.

② Ruhe, C.: Kindertagesstätte, zu hohe Schallpegel infolge zu geringer Schallabsorption. Bauschädensammlung in: Deutsches Architektenblatt, Heft 1/2000.

持续到上学年龄。因此感知语音对孩子来说要花费更大的力气，且更容易受到干扰。在区分相似的语音或识别模糊、不完整、被噪声包围的或因混响而扭曲的语音时[①]，比起年纪较大的孩子和成年人，年纪较小的孩子能力更弱。

总的来说，必须要减弱声音的原因有很多，不仅是因为成年人的健康和心理困扰，还要考虑到给健全的、不健全的以及说其他语言的孩子提供最佳的声音条件来学习语言。也就是说，孩子们待的所有房间都要减弱声音，包括小组活动室和诸如走廊、大厅和卫生间这样的带有一定功能的空间。

建筑师不能只将走廊当作走路区域、只将卫生间当作清洁身体的地方，他们必须要考虑到日托中心的情况。在日托中心，这些空间还是孩子的游戏区域。因此，日托中心的最低标准是所有房间装有隔音天花板这一基本设备。[②]

目前还有很长的路要走，在此期间必须找到其他解决方案，就像汉堡市的 SOAL 日托中心"横条纹袜子"（Ringelsocke）那样。一位从事录音行业的父亲建议在墙上挂绒毛毯，老师惊喜地发现，这种廉价的

解决方案带来的吸音效果非常好。还有一位来自该行业的父亲建议缝制由颗粒物填充的枕头，并把它放在天花板下的平台上。但不建议自行使用蛋托盒，因为它们仅能在有限范围内吸收声音，而且还会增加火灾风险。

悬挂帆式吊顶是一种有效的减弱声音的方法。这种吊顶可以自己缝制或由专业人员（例如室内装配

---

① Ruhe，C.：Kindertagesstätte – Zu hohe Schallpegel infolge zu geringer Schallabsorption. In：Bauschädensammlung. Band 13. Fraunhofer IRB Verlag，Stuttgart 2001，S.19.
② 每种不同的房间都有声学天花板，但是这些天花板的材料特性不同。针对一些特殊的房间，如装有石膏花饰天花板的房间，要采取特殊的解决办法，如无法看见的、透明的和打孔的箔。

工）制作，并且应该选择如帆布一样厚一点的材料。选用的材料无论如何都要有很好的延展性。

帆布不能太大，以便取下手洗或机洗。此外，也可以在房间内单独放置较小的帆布。帆布种类多样，看起来也更加美观。

除天花板外，墙壁也可以隔音，但是墙壁可用的隔音面积比天花板要小。

根据我的经验和许多实习老师的反馈，我想指出，在装修之前必须要明确，墙上要贴的物品必须考虑到声学效果。

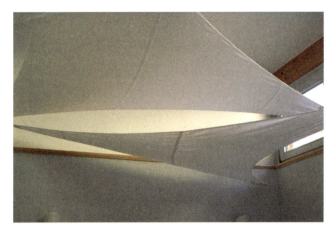

我尽量不在墙面涂漆，因为这样做会产生不必要的声音反射面积。虽然清洁起来更简单，但它对声学效果的破坏与玻璃纤维墙纸差不多。相比之下，这个优点也可以忽略不计了。

与此相反，凹凸木纹墙纸可以用普通的墙面涂料上漆，这是非常物美价廉的做法，因此可以隔一段时间重新刷漆。如果缺少资金，人们宁愿选择不太显眼但隔音效果非常好的凹凸木纹墙纸（尽管它有一点脏），而不选择易于清洁的涂漆墙或会放大声音和不能调节湿度的玻璃纤维墙纸，因为涂漆墙和玻璃纤维墙纸使人们仿佛生活在一个巨大的塑料袋里。

在运动室安装隔音天花板和墙饰面非常合适，墙饰面同时可作为冲击防护。我建议，如果没有隔音天花板，就把地毯铺在墙面上。

这同样适合工坊。工坊的地毯可以贴在架子后，软板或其他面板可以用来悬挂工具。考虑画室的墙面设计也是有意义的，孩子作品展示区面积越大，墙面可以吸收的声音就越多。走廊也是一样。

搭建室的墙面空间通常有许多地方未被利用起来，因此墙面上留有一块巨大的软板，上面有孩子的

大型建筑画、建筑师计划表、著名建筑图画和关于孩子的观察记录表。我认为白色软板比木质的要好，前者为中性材料。正如我在"画室和书写室"这一章中已经讲过的那样，白色软板有许多优点，它不仅能吸收声音、不引人注目，而且物美价廉、易于操作。瑞典欧风（Ecophon）玻纤板的墙面镶板与织物层压板和合睿（Heraklith）木丝板的木棉轻质板则更加专业，人们可以轻松地用软板按钉固定要悬挂的东西。

在角色扮演室，可以使用许多材料改善声学效果。尽可能厚和漂亮的丝绒舞台幕布不仅是角色扮演的绝佳用具，而且是良好的吸音区域。

如果不安装隔音天花板，儿童餐厅就会和运动室一样嘈杂，因此我建议在儿童餐厅安装帆式吊顶。

第二层游戏平台可以有效减弱声音，但要满足两个条件：首先，第二层游戏平台作为在室内为孩子提供更多活动可能性的空间，必须纳入教学理念，否则会因为其潜在的刺激而产生额外的噪声；其次，第二层游戏平台不能刷漆。

很多幼儿园一直使用幼儿园家具供应商提供的涂漆木料，因为这清洁起来更方便。但华德福幼儿园优先选择不涂漆的木质家具，这体现了一种个性。

木工制作的游戏平台是代替幼儿园家具供应商产品的选择，但前提是要与木匠讨论木料只能上油。

从减弱声音这一角度看，无论是游戏平台还是桌子、椅子和柜子，所有家具都必须开孔。通常来说，这样做虽然能减弱声音，但费用很高，实际上也并无必要。我赞成木匠至少使用上油的木料制作游戏平台，这样做考虑到了许多方面，包括费用。减弱声音的另一个办法是在游戏平台使用吸音材料，平台上方区域都需要不同的跌落防护设施。防护栏杆可以用木头、细棒，或像马蒂亚斯·巴克那样采用紧绷的帆布。因为帆布能吸音，还可当作防护栏杆来使用。如果使用面积较大的木质栏杆，在木板上涂上萨亚德（Sajade）漆，将吸音效果与设计效果结合起来，就会因为木头过多而令空间显得呆板无趣。

游戏平台① 不仅可以使用木材和织物，而且可以使用垫子来实现多个目标。在楼梯上铺上垫子，可减少噪声干扰和降低滑倒的风险。此外，因为颜色多样，它还是绝佳的装饰。

马蒂亚斯·巴克选用了不同的垫子，例如地毯、软木和西沙尔麻、织物和上油的木料。它们的优点是不仅可以引起孩子所有的感官体验，看起来很漂亮，而且有助于良好的听觉效果，触感也舒适。

灯光

因为光线不仅直接影响我们的感官，还影响我们的感受，所以光线是营造空间氛围的一种方式。在根据"汉堡空间布置方案"重建之后，胡弗兰德公共受托协会位于魏玛的日托中心负责人在一次谈话中说，以前的日托中心都只有光，如今灯光给空间营造了一种气氛。对此，他提到了日托中心的常规照明和灯光打造的情感体验之间的关键区别。

通常，日托中心像小学或办公室一样安装天花板吊顶灯，这样足以为工作提供明亮的环境。工作场所

① 许多室内大型游乐设施的中间部分存在噪声问题，设施经常没有安装双层地板，因此当孩子在上层玩耍时，玩耍平台下总是很吵，没有人愿意待在那。我建议带着这个问题咨询 info@kameleon.de。

条例规定，群体空间的照明为 300 勒克斯。因为日托中心不能与小学和办公室相比，所以为了方便清洁，日托中心房间要统一照明。但毫无疑问，规定不足以保证日托中心的照明效果。

‖　实际上，确保空间明亮并不容易。也许寻找不同的照明方式比在日托中心所有房间安装照明灯要花费更多的力气，但其实这非常重要。开放式教育对于灯光提出了更加复杂的要求：不同的功能室对灯光的要求也不同。为了解决这个问题，建筑师和灯光设计师必须要知道什么样的灯适合什么样的房间。为了亲身体验，所有的参与者即建筑师、工匠和老师要共同协商，但目前为止很少出现这样的场景。

‖　在魏玛，我看到了一次成功的合作。胡弗兰德公共受托协会负责将所有改建或新建日托中心的参与者尽可能组织到一块，我接受了日托中心的概念性建议，马蒂亚斯·巴克主要负责室内设计的实施，功能室和相应的照明计划按照"汉堡空间布置方案"制定。

‖　在新建或简单装修房间时，人们可以计划在顶部和墙面安装电灯。由此带来的工作量非常小：除了必须在天花板上铺设电线，还必须铺设墙壁连接线。如果人们决定事后装壁灯，出于成本原因，这通常是不可能的——尽管这样做是值得的，因为壁灯比吊灯更能营造气氛。

壁灯是除天花板外的基础照明，但是没有什么效

果。根据我们的经验，壁灯在搭建室、角色扮演室、衣帽间、走廊和大厅特别有用。在儿童餐厅，壁灯应装在餐桌上方。画室和工坊不需要壁灯，而是要在上方悬挂良好的照明灯具，它比吸顶灯更能精确照亮画室和工坊区域。

运动室尤其需要天花板下的良好照明，照明灯

具不必像小学体育馆一样防球撞击。在"运动室"这一章我写到，尽管孩子很喜欢玩球，但不要让孩子在室内玩。因为球类游戏会占据空间，这将导致许多孩子不能一块游戏，并且必然会损坏上方的隔音天花板或其他隔音设备如帆式吊顶。只有在禁止玩球的情况下，运动室安装壁灯才行得通，因为壁灯给运动室提供了比房间上方的"工作照明"更加舒适的光线。

尤其是在角色扮演室和搭建室，落地灯可以替代壁灯。在儿童餐厅，这种泛光灯也能营造气氛。许多和我一起合作的日托中心团队拆除了普通的房间吸顶灯，然后选择了一些漂亮的和物美价廉的灯具，这些

灯具能够发出舒适的光线。在比勒费尔德市的月石路（Monsteinweg）日托中心，我看到了球形纸灯。它们被很好地安装在较高的空间当中，错落有致地悬挂在天花板下。

如图片所示，日本纸或织物制成的吸顶灯可以过滤光线，而"太阳灯"则特别适合小房间。

在"入口、大厅、走廊和家长区域"这一章，我举了米尔海姆"诺亚方舟"日托中心的例子。在这里，建筑师在箱子上安装了荧光灯，并在天花板下安装了紧绷的帆布。这种材料不仅可以控制灯光，产生舒适的光线，还能吸声。

如果不能关掉荧光灯，日托中心团队就要向负责

人说明所描述的方案是否可行。从技术上讲，在保持安全距离的情况下，将防火材料安装在现有灯具下不成问题。

如果房间缺乏光线，谨慎选择灯具特别重要。如果孩子和成年人只能整天待在灯光下，就不得不竭力让室内亮一些，我认为这是有问题的。带有玻璃小窗的门，加装上去的内窗或所谓的漏光带（即安装在墙面高处的窗户）反而是合适的。房间内的自然光线越少，人们就越要注意墙面、地板、天花板和大型室内设备的颜色。颜色要尽可能浅一些，这样能使本就不多的自然光线反射回来。

树木和灌木丛经常会挡住光线。有时候我只有站

在室外，才觉得必须要清除灌木丛，清除树木就更加困难了。自然光线对孩子的成长至关重要，所以我不建议种太多树。

树木必须要修剪，必要时须将树木砍掉或锯掉。这样做花费巨大，但是为了获得自然光线，是值得的。

光线非常重要，但为了让孩子可以一览无余地看到外面的景色，窗户就不应该涂色。我只能猜测为什么在窗户上涂色如此盛行，大多数情况下意味着一直以来人们都是这么做的，孩子也非常喜欢。但是我猜想窗户一开始就很重要，它是唯一一个可以用来涂色的较大区域。之后幼儿园装修公司一直以窗户颜色为主题，想方设法扩大产品范围。

如果人们研究自然光线的重要性，就不能再把窗户只看作一个区域。此外，孩子会在画室找到画画的地方，你不必在窗户上涂色。

因为有涂色颜料，而且可以画所有东西，所以在窗户上涂色看起来是一件理所当然的事。从弗伦斯堡（Flensburg）到博登湖（Bodensee），从罗斯托克（Rostock）到开姆尼茨（Chemnitz），可以看到这些日托中心的窗户都涂满了颜色或进行了一番装饰，它们被当作画画区域和"橱窗"。我希望未来的幼儿园不再需要这样的特殊标记。

颜色

光线和颜色相辅相成：光线促进颜色创造的氛围，颜色影响室内的光线。因为颜色这一主题原本就比照明更加复杂，所以在许多日托中心还存在更多的颜色设计的可能性和更加开放的颜色选择，对这一点不必大惊小怪。墙面、门、窗框——一切都是白色或米色，地板的颜色也难以名状。有些机构的门或窗框主要使用红色、黄色和蓝色，因为据说三原色适合孩子。

我不建议选择以上两种颜色。虽然大胆上色是必要的，但并非以上述方式，因为这纯粹是一种装饰。我建议将装饰和目的结合起来，彩色的门、窗框或架子不能营造任何气氛。一大面彩色墙无论如何都难以营造合适的气氛，例如角色扮演室的突兀的紫色墙。

墙面对人们的情绪会产生巨大影响，因此在实践"汉堡空间布置方案"的过程中，我的颜色使用更为大胆。

但是独特的色彩设计方法与功能室的主题有关，只有在主题突出的房间才可以使得颜色与主题协调。在没有固定功能的小组活动室，墙面的颜色似乎只能是中性的。

日托中心的房间是不同的，因此我无法给出具体的建议。例如，有些房间非常暗，紫色的墙壁把房

间变成了一个洞穴，而不是角色扮演室。在这些情况下，柔和的淡紫色或其他反光颜色可能是合适的。

但在墙面颜色的选择上有一条合适的规则：使用大地一样的暖色调，而不是水一样的冷色调。普遍来说，黄色和红色是暖色调，而蓝色为冷色调，绿色介于两者之间。但黄绿色是冷色调，红蓝色是暖色调。这只是一种关于色调的经验法则，而非仅仅对红、黄、蓝、绿四种颜色的说明。由于具体的色调是关键限制，我排除了两种颜色：中蓝色和纯红色。因为至少在小组活动室或功能室中，中蓝色太冷了，而纯红色则太鲜艳了。也许人们可以将这样效果强烈的颜色运用到入口区域，因为没人会一直待在那。在卫生间我不会使用蓝色，而会使用暖色。

空间颜色应该与教学功能和建筑特点相符合。通过和谐的比例和良好的光学效果，颜色可以帮助营造一个既积极又符合空间功能的氛围。一个不和谐的例如太高、太长、太窄或太暗的房间，也可以通过针对性的颜色运用变得和谐。如果白色天花板下悬挂宽的白色布条，那么太高的房间则会显得低一些。如果只给四面墙中的一面上色，房间就会显得不那么狭长。

功能室色彩设计

在"汉堡空间布置方案"的指引下，我们得出了关于功能室色彩设计的以下要点：

- 画室：中性白色。

- 角色扮演室：适合用作舞台背景的紫色或深紫色。

- 搭建游戏室：砖红色、赤色。

- 运动室：森林的颜色、叶绿色。

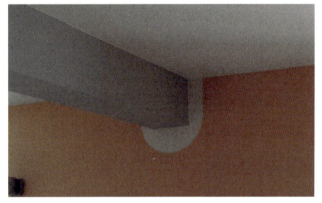

如果选用了颜色鲜艳的家具，幼儿园中就会出现鲜艳的颜色。家具具有特别的功能，因此有必要着重考虑家具的颜色。色彩亮丽的门、窗户和地板也要作为考虑的重点。

一般来说，过多强调建筑上的基本需求是没有意义的，幼儿园装修师和建筑师以这种方式不必要地限制了老师的设计选择。因为当教学发生改变时，空间元素没有发生变化。当然也有例外，例如，在魏玛市蒂弗特（Tiefurt）日托中心，建筑师和老师密切合作，这促进了当前的教学理念。[1]

---

[1] 正如在"画室和书写室"（第 157~196 页）这一章提到的那样，"颜色"的主题非常广泛。在所有有趣的出版物中，我推荐 2005 年科隆出版的 Hans Gekeler 的 »Handbuch der Farbe«。

根据一位老师的说法，在他们的日托中心，墙面的颜色设计很谨慎，这简直让我喜出望外。她说，漂亮的墙面颜色可以减少装饰。

材料特性

吸引人的材料可以减少装饰。我指的既是家具，又是可见的、易于使用的和摆放有序的材料。它们不仅让人看了很开心，而且还促使人们使用它们。

需要强调的是，我并不反对装饰物，它们对我来说是功能和形式的集合体。房间装饰不是最重要的，物品对孩子的使用价值和它们的装饰价值之间的联系才是首要的。

材料的特性也有装饰功能，例如马蒂亚斯·巴克设计的建筑工地的魔术箱。魔术箱由打蜡的桦树木板（复合材料）做成，上面覆盖有特雷弗德（Trefford）地毯、西沙尔麻、绒毛地毯或欧洲白蜡树木板等，看起来很漂亮，摸起来很舒服，而且还给孩子提供了创造多种运动方式的可能性。也就是说，它把功能和形式结合了起来。

另一个材料特性的例子是像舞台幕布那样安装材料。当使用诸如天鹅绒之类较重的材料时，视觉、听觉和触觉均会受到影响。丝绒材料看起来很漂亮，会非常有效地吸收声音，摸起来也很舒服。它不是用作装饰的，不仅具有影响感官的特性，而且给孩子提供

了一个现成的游戏环境和休息区。

虽然颜色首先具有装饰的特性，但正如我在前一部分讲到的那样，它还具有重要的功能。互补的颜色——如绿色活动室里的红色波浪形地毯——会令人产生兴奋感，这使得空间更加吸引孩子和成年人。

孩子可以通过第二层游戏平台的木质栏杆之间的间隙看到下面发生了什么，而无须倚靠在栏杆上。规则的几何形状的孔（如圆孔）看起来很无聊，不规则形状的孔显得更加有趣，这促使孩子透过孔进行观看和触摸。

在日托中心也可以运用"建筑艺术",而不是装饰艺术。

例如,马蒂亚斯·巴克将固定的雕刻柱子融入了第二层游戏平台的设计。

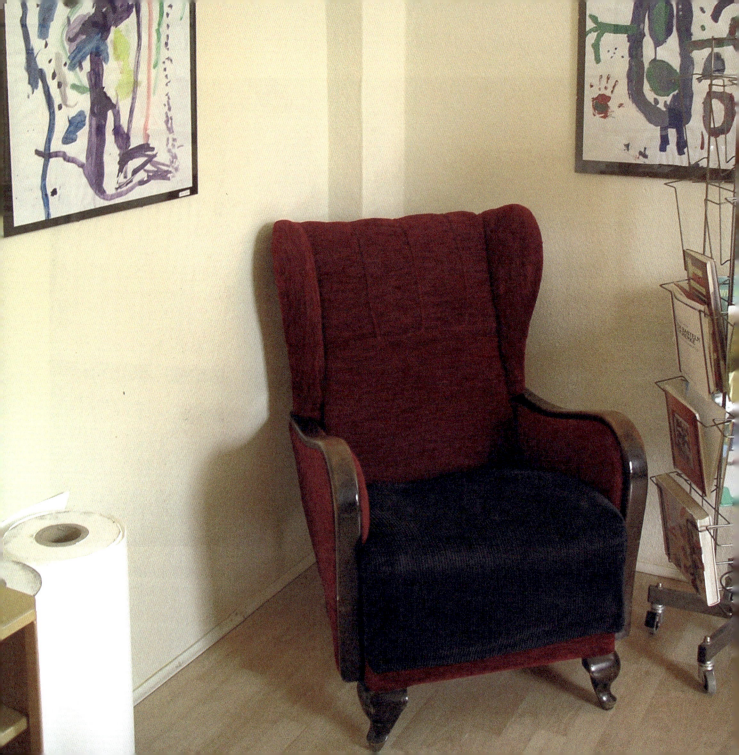

成年人的空间

教师的工作场所

空间设计越是面向孩子的需求，就越要考虑如何在空间中安排适合成年人的位置，在每一个功能房间为成年人创造一个舒适的座位是必要的。

- 乍一看，比起放在工作室，一人或多人沙发更适合放在角色扮演室。尽管如此，我在"画室和书写室"这一章更赞成设置单独的休息角、观察角和会议角，这同样适用于搭建室。虽然许多工作人员认为懒人沙发会堆在一起而觉得不舒服，但是可以把懒人沙发放在运动室，它的优点是孩子也可以使用。

- 为老师找到可以坐在矮桌旁的座椅并不容易，在许多日托中心，小板凳或弹力球凳的价值尚未得到认可。

我要强调的是，老师绝不能坐在儿童椅子上。我要推荐的是更为灵活的座椅，即板凳，而不是椅子。

坐在板凳上有点儿像坐在球上，既不会产生令人烦恼的副作用，也不会像坐在屈膝板凳上一样对膝盖造成损伤。孩子们也能坐在板凳上，他们不会把板凳

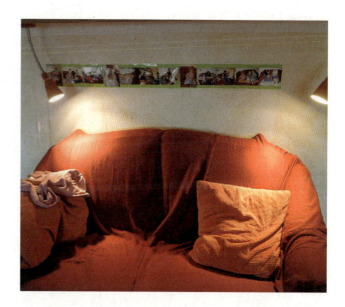

扔来扔去，也不会觉得板凳像椅子一样挡路。

无论如何，板凳的高度要达到 42 厘米左右，且没有靠背。这样，大人可以像舒适地坐在一人或多人沙发上那样坐在板凳上。

多数人对可以调节高度的板凳反馈良好。在汉堡 SOAL 日托中心，已经证明了这样的板凳放在儿童餐厅特别合适。

为了找到满意的解决方案，就要作出不一样的尝试。我想要鼓励老师、主管和承包商为此多花一点时间。我极不建议购买适合成年人高度的桌子，并在桌旁放上高椅。在我看来，这似乎不太合理。因为为了让一两个成年人可以保持合适的座位高度，孩子们必须坐在不适合他们的高度上。

我反对放弃我认为有效的解决方案，玛利亚·蒙台梭利曾特别强调，幼儿园家具的高度应根据孩子的身高确定。高桌椅不仅体现出以成年人为中心的错误观念，而且很笨重、不便使用，也没有达到体谅老师的效果。比如，老师必须把孩子推到桌前，如果椅子挡路了，还要把它们移到一边。

如果把成年人使用的高桌椅放在不同年龄段孩子就餐的儿童餐厅里供孩子使用，这可能还是一个问题。我认为没必要在每一间小组活动室或功能室的桌子旁都放置一个成人座椅，来让老师和孩子在桌上玩游戏。除了引言中反对桌上游戏的原因以及已说明的原因外，还有一个原因：如果老师坐在沙发上（适合成年人的座位）有意识地观察孩子，而不是参与桌上游戏，就可以更好地支持孩子的学习过程。

与此完全不同的是，我知道的大多数日托中心都不用所谓的老师桌。我赞成这样做，因为这样就不存在老师对孩子的主导地位，但也缺少能替代这种桌子的东西。于是，我一直以来都在尝试找到合适的桌子的东西。

子。因为人的需求和空间条件非常不同，所以难以找到一个完美的解决办法。毕竟，替代方案要考虑墙边的工作台和隔层、带椅子或凳子的桌子、站立式斜面工作桌或电脑桌。

因为通常缺少空间，所以我建议使用站立式斜面工作桌。这种桌子可以节省空间，人们可以把它放在靠近门的位置，紧挨着墙上的电话。这里同样可以成为老师接待孩子和家长的地方。在经常进行观察的团队中，站立式斜面工作桌被证明非常合适，例如它可以用来摆放木质纸板架之类的书写材料，老师也可以随时舒适地使用书写区。

站立式斜面工作桌的书写区是倾斜的，可以打开，用来存放资料和手提包，但前提是可以上锁。书写区下面部分有隔层，更好的选择是带柜门的隔层，因为可以把不属于孩子的文件夹和其他材料放进去。

如果站立式斜面工作桌不能存放手提包，那就应该把手提包放在其他地方。根据我的经验，将隔层设置在距离较近的教工室会比较方便。

把老师储物柜放在儿童更衣室也是合适的，这是一举两得之事：挂上外套并锁上隔层。

我赞成在每个功能室为老师设置电脑桌，孩子也可以使用电脑，如用来看资料。当然，是否设置这样一片区域必须要考虑老师的需求。许多老师担心孩子

使用电脑会一键删除每月计划，尽管这是不可能的。

　　原则上来说，在画室、搭建室、角色扮演室和运动室设立电脑桌是可行的，因为在这些房间内应该形成一种氛围，让老师没有必要不断干预孩子。这样的话，老师就能坐在电脑旁。在"画室和书写室"这一章，我主张孩子体会老师写字的状态。可以当着孩子

的面在记录册里记下简短的符号，否则人们便会忘记孩子实际上做了或说了什么。

　　在亨内夫（Hennef）的圣母（Liebfrauen）日托中心，我看到一个孩子用玩具相机拍一个刚刚搭好的积木建筑，老师马上把照片连同对孩子的评价传到了电脑上。

教工室

我去过许多日托中心的教工室，通常都很小，有些日托中心甚至没有。为了给孩子创造更多的空间，教工团队索性放弃了教工室，但我并不建议这样做。

我认为，一个配备完善的教工室是完成高质量保教工作的一个必要条件，并且出于老师需要休息的房间的考虑，这非常重要。她们需要一个配有成年人家具的房间，团队会议可以在这里召开。她们需要一个不受干扰的计算机工作室，这样便可以随时完成一些记录工作。

她们真正需要的是一个单独的小房间和一个团队使用的大房间，因为一个房间很难具备三种功能。尽管如此，人们也可以这样尝试一下。但实施一个节约空间的方案的成本很高，或是会很费脑筋。

配备完善的教工室应有用于休息的沙发、所有团队人员使用的桌子和舒适的椅子、一个电脑桌及用于存放书和其他工作材料的架子和柜子。

因为通常团队会议不会每天召开，所以人们可以尝试着使用伸缩桌和可叠起堆放的椅子，这样既灵活又节省空间。如果因教工室太小而在本属于孩子的空间内召开会议，我认为大人不能坐在孩子的椅子上。我强烈质疑此类做法，并寻找其他的解决方案。必须要为教工人员配备足够数量的椅子，例如堆叠椅子（注意不是折叠椅），并且椅子的设计要考虑人体工程学原理。如果缺少书写用的桌子，必要时可以用木质纸板夹。

同样的问题出现在家长会上——椅子和凳子太低。我鼓励发挥想象力寻找解决方案，例如可以允许家长坐在孩子的桌子上，也可以用活动室的小平台或魔术箱。无论如何，必须要提供适合家长的座位。

大多数时候，教工室也是老师和家长谈话的地方。虽然不必为家长准备特别的家具，但是存在时间上的问题：当同事或主管与家长谈话时，其他同事就不能使用这个房间了。因此，我认为在管理办公室旁提供一个小型谈话室是很有意义的。

因为谈话时间非常有限，所以在我看来迫切需要为团队会议提供一个"现成的环境"，这意味着房间必须在技术上配备完善。必须配备一个白板架和软板，用来展示一些东西。除了计算机和打印机，还应有一台复印机，但并不一定要放在教工室。此外，我认为投影仪和银幕布或白墙非常有用，这样就可以在不耽误时间的情况下观察和讨论照片以及展示内容。

管理办公室

教工室设置在一边且不必对外开放，但是管理办公室必须对外开放，它是日托中心除入口外的另一张名片。如果可能的话，管理办公室应该设置在入口旁，这样家长和拜访者就能轻松找到。此外，日托中心的出入口处需要有人值班。

管理办公室绝不应该是传达室，在建筑设计上，这里可进行巧妙的内外交流。它也是老师的工作室以及家长与拜访者的接待室，要按照相应的需求进行设计。如果空间狭窄，则可以采用马蒂亚斯·巴克的解决方案：不使用办公桌，而是制作一个工作台，工作台下面的可旋转部分可以用作访客桌。如此，负责人只需将椅子再移动一点，就可与拜访者进行对话。

参考文献

[1] Aktionskreis Psychomotorik e.V. (Hrsg.)：Psychomotorik in Geschichten. Verlag Aktionskreis Literatur und Medien，Lemgo 2001

[2] Arzenbacher，Dagmar：Das Tonheft. verlag das netz，Weimar/Berlin 2008

[3] von der Beek，Angelika/Buck，Matthias/Rufenach，Annelie：Kinderräume bilden. Luchterhand，Neuwied 2001

[4] von der Beek，Angelika：Bildungsräume für Kinder von Null bis Drei. verlag das netz，Weimar/Berlin 2006

[5] von der Beek，Angelika/Schäfer，Gerd E./Steudel，Antje：Bildung im Elementarbereich – Wirklichkeit und Fantasie. verlag das netz，Weimar/Berlin 2006

[6] von der Beek，Angelika：Pampers，Pinsel und Pigmente. Ästhetische Bildung von Kindern unter drei Jahren. Betrifft KINDER extra. verlag das netz，Weimar/Berlin 2007

[7] Beck-Neckermann，Johannes：Mit Kindern Musik entdecken. Klett/Kallmeyer，Seelze-Velber 2008

[8] Bostelmann，Antje/Metze，Thomas (Hrsg.)：Die Töpferwerkstatt. Don Bosco，München 2004

[9] Bostelmann，Antje/Metze，Thomas (Hrsg.)：Vom Zeichen zur Schrift. Beltz，Weinheim 2005

[10] Donald，Merlin：The Origins of the Modern Mind. Cambridge，London 1993

[11] Eliot，Lise：Was geht da drinnen vor? Berlin Verlag，Berlin 2001

[12] Elschenbroich，Donata：Ins Schreiben hinein – Kinder auf der Suche nach dem Sinn der Zeichen. Videokassette mit Begleitheft. DJI-Filmproduktion 1999

[13] Bestellungen：Schweitzer，G.，Kronbergerstr. 28，60323 Frankfurt

[14] Fischer，Klaus：Einführung in die Psychomotorik. Ernst Reinhardt Verlag，München 2004

[15] Frei，Heidi：Jeux Dramatiques mit Kindern.

Zytglogge Verlag, Oberhofen 1990

[16] Gekeler, Hans: Handbuch der Farbe. Systematik, Ästhetik, Praxis. Dumont Verlag, Köln 2005

[17] Gruber, Rosemarie/Siegel, Brunhild (Hrsg.): Offene Arbeit im Kindergarten. verlag das netz, Weimar/Berlin 2008

[18] Hoenisch, Nancy/Niggemeyer, Elisabeth: Mathe-Kings und Mathe-Queens. Junge Kinder fassen Mathematik an. verlag das netz, Weimar/Berlin 2007

[19] Hülswitt, Kerensa Lee: Material als Denkwerkzeug. Kinder begreifen Mathematik durch Zählen, Ordnen und Strukturieren. In: TPS, Heft 10/2003

[20] Jacoby, Heinrich: Jenseits von Musikalisch und Unmusikalisch. Christians Verlag, Hamburg 1984

[21] Kathke, Petra: Sinn und Eigensinn des Materials, Band 1 und 2. Beltz, Weinheim 2002

[22] Kreusch-Jakob, Dorothée: Jedes Kind braucht Musik. Kösel, München 200z

[23] Kreusch-Jakob, Dorothée: Musik macht klug. Kösel, München 2003

[24] Kreusch-Jakob, Dorothée: Zauberwelt der

Klänge. Kösel, München 2002

[25] Lakoff, George/Johnson, Mark: Leben in Metaphern. Carl-Auer-Systeme Verlag, Heidelberg 1998

[26] Lange, Udo/Stadelmann, Thomas: Das Paradies ist nicht möbliert. Beltz, Weinheim 2002

[27] Lee, Kerensa: Kinder erfinden Mathematik. Gestaltendes Tätigsein mit gleichem Material in großer Menge, verlag das netz, Betrifft KINDER extra, Weimar/Berlin 2010

[28] Le Bohec, Paul: Verstehen heißt Wiedererfinden. Pädagogik Kooperative Bremen, Bremen 1997

[29] Mahlke, Wolfgang: Schul-Raum. Die erzieherische Wirkung des Raumes in der Schule. Hrsg. von der Evangelischen Schulstiftung in Bayern, 1998

[30] Mahlke, Wolfgang/Schwarte, Norbert: Raum für Kinder. Beltz, Weinheim 1989

[31] Marbacher-Widmer, Pia: Bewegen und Malen. Verlag Modernes Lernen, Dortmund 1991

[32] Miedzinski, Klaus/Fischer, Klaus: Die neue Bewegungsbaustelle. Borgmann Verlag, Dortmund 2006

[33] Nelson, Katherine: Language in Cognitive

Development. Cambridge，London 1996

［34］Partsch，Susanna：Wie die Häuser in den
Himmel wuchsen. Die Geschichte des Bauens.
dtv，München 2002

［35］Peter-Koop，Andrea/Grüßing，Meike：Mit
Kindern Mathematik erleben. Lernbuch Verlag bei
Friedrich in Velber 2007

［36］Piaget，Jean/Szeminska，Alina：Die
Entwicklung des Zahlbegriffes beim Kinde.
Gesammelte Werke，Band 3. Klett Verlag,
Stuttgart 1975

［37］Projektgruppe Reggio，Hamburg (Hrsg.)：Wenn
das Auge über die Mauer springt. Darin：AG
4：Schatten，Puppen-und Rollenspiele：Spiele
zwischen Phantasie und Realität. Eigenverlag 1990

［38］Regel，Gerhard：Plädoyer für eine offene
Pädagogik der Achtsamkeit. Zur Zukunft des
Offenen Kindergartens. EBVerlag，Berlin 2006

［39］Regel，Gerhard：Zusammenwirkende
Strukturelemente offener Kindergartenarbeit. In：
kindergarten heute，Heft 3/1992

［40］Reggio Children：Ein Vergnügungspark für die
Vögel. In：Reggio Children：Hundert Sprachen
hat das Kind. Ausstellungskatalog. Luchterhand,

Neuwied/Kriftel/ Berlin 2002

［41］Reggio Children：Alles hat einen Schatten außer
den Ameisen. Luchterhand，Neuwied 2002

［42］Reggio Children：The park is... Coriandoli Series,
2008

［43］Reggio Children/Domus Academy Research
Center：children，spaces，relations. metaprojekt
for an environment for young children. Reggio
Children & Commune di Reggio Emilia 1998

［44］Reichen，Jürgen：Das Geheimnis der Bauecke.
In：Flehmig，Inge (Hrsg.)：Kindheit heute.
Verlag Modernes Lernen，Dortmund 2002

［45］Reichen，Jürgen：Hannah hat Kino im Kopf. Die
Reichen-Methode Lesen durch Schreiben und ihre
Hintergründe für LehrerInnen，Studierende und
Eltern. Heinevetter-Scola，Hamburg/Zürich 2003

［46］Richter，Hans-Günther：Die Kinderzeichnung.
Schwann，Düsseldorf 1987

［47］Rockenstein，Margarete：Kindergarten. Bad
Blankenburg 2004

［48］Ruhe，Carsten：Kindertagesstätte-Zu hohe
Schallpegel infolge zu geringer Schallabsorption.
In：Bauschäden-Sammlung. Band 13. Günter
Zimmermann (Hrsg.)，Fraunhofer IRB Verlag,

Stuttgart 2001

［49］Schäfer，Gerd E./von der Beek，Angelika：
Didaktik in der frühen Kindheit. Von Reggio lernen
und weiterdenken. verlag das netz，Weimar/Berlin
2013

［50］Schäfer，Gerd E./Alemzadeh，Marjan：
Wahrnehmendes Beobachten. Beobachtung und
Dokumentation am Beispiel der Lernwerkstatt
Natur，verlag das netz，Weimar/Berlin 2012

［51］Schäfer，Gerd E./Alemzadeh，Marjan/Eden，
Hilke/Rosenfelder，Diana：Natur als Werkstatt.
verlag das netz，Weimar/Berlin 2009

［52］Schäfer，Gerd E.：Lernen im Lebenslauf.
Bildung in früher und mittlerer Kindheit.
Expertise für die Enquetekommission »
Chancen für Kinder – Rahmenbedingun
gen und Steuerungsmöglichkeiten für ein
optimales Betreuungs-und Bildungsangebot in
NordrheinWestfalen« des Landtags von Nordrhein-
Westfalen. 2008 (unveröffentlicht)

［53］Schäfer，Gerd E./Strätz，Rainer (Hrsg.)：
Beobachtung und Dokumentation in der Praxis.
Link Verlag，Kronach 2007

［54］Schäfer，Gerd E.：Bildung beginnt mit der

Geburt. Beltz，Weinheim 2005

［55］Schuster，Martin：Kinderzeichnungen. Basel
2001

［56］Seitz，Marielle：Schreib es in den Sand.
Dusyma，Schorndorf 2006

［57］Seitz，Marielle：Das Kinderatelier. Klett/
Kallmeyer，Seelze-Velber 2006

［58］Spitzer，Manfred：Lernen. Die Entdeckung des
Selbstverständlichen. Eine Dokumentation von
Reinhard Kahl. Archiv der Zukunft. DVD und
Buch. Beltz，Weinheim 2006

［59］Stadler Elmer，Stefanie：Spiel und Nachahmung.
HBS Nepomuk，Aarau 2000

［60］Stern，Daniel：Die Lebenserfahrung des
Säuglings. Klett-Cotta，Stuttgart 1992

［61］Stewart，Ian：Die Zahlen der Natur. Spektrum
Akademischer Verlag. Heidelberg/Berlin 2001

［62］Thier-Schröter，Lore/Diedrich，Renate：Kinder
wollen bauen. Don Bosco，München 1995

［63］Thiersch，Renate/Maier-Aichen，Regine：
Studie über die Beziehungen von Kindern in
drei unterschiedlichen Einrichtungen unter dem
Gesichtspunkt von Alters mischung und Öffnung der
Gruppen. Landeswohlfahrtsverband Württemberg-

Hohenzollern, 1991-95

[64] Thiersch, Renate/Maier-Aichen, Regine：
Beziehungen von Kindern in altersgemischten
Gruppen – Bericht über eine Untersuchung. In：
TPS extra, 1995

[65] Tomatis, Alfred：Klangwelt Mutterleib. Kösel,
München 1999

[66] Veit, Ivar：Vom Hören und Verstehen.
In：Trockenbau Akustik, Heft 8/2008,
Verlagsgesellschaft Rudolf Müller, Köln

[67] Widlöcher, Daniel：Was eine Kinderzeichnung

verrät. Fischer Taschenbuch, Frankfurt am Main
1984

[68] Zimmer, Jürgen：Vom Aufbruch und Abbruch.
In：H. - J. Laewen/K. Neumann/J. Zimmer：Der
Situationsansatz – Vergangenheit und Zukunft.
Kallmeyer'sche Verlagsbuchhandlung, Seelze-
Velber 1997

致　谢

　　在本书的最后，我要感谢那些对我的文章感兴趣的人，他们为完成本书作出了贡献。他们包括：索尼娅·哈根（Sonja Hagen），她的热情、体贴和活力总是鼓励着我；本书编辑埃里卡·伯特霍尔德（Erika Berthold）；马蒂亚斯·巴克（Matthias Buck）和舍费尔（Gerd E. Schäfer），他们是非常重要和友善的读者。此外，我还要感谢西比尔·西伯格（Sybille Siberg），因为她与我分享了她的丰富经验。还有卡斯滕·鲁尔（Carsten Ruhe），他给我提供了许多专业知识。最后，丽塔·考夫曼（Rita Kaufmann）的支持也为本书作出了特殊贡献。

安吉丽卡·冯·德·贝克

于科隆